小丸子的**日语**征服记

职场闯关

小丸子练就

职场达人术

主审：胡丽娜

编著：芝麻门外语编辑部

大连理工大学出版社
DALIAN UNIVERSITY OF TECHNOLOGY PRESS

图书在版编目(CIP)数据

职场闯关：小丸子练就职场达人术 / 芝麻门外语编
辑部编著. — 大连：大连理工大学出版社，2014.9
　（小丸子的日语征服记）
　ISBN 978-7-5611-9342-6

　Ⅰ.①职…　Ⅱ.①芝…　Ⅲ.①日语－口语　Ⅳ.
①H369.9

中国版本图书馆 CIP 数据核字(2014)第 162188 号

大连理工大学出版社出版
地址：大连市软件园路 80 号　邮政编码：116023
发行：0411-84708842　传真：0411-84701466　邮购：0411-84703636
E-mail：dutp@dutp.cn　URL：http://www.dutp.cn
大连永盛印业有限公司印刷　　大连理工大学出版社发行

幅面尺寸：140mm×203mm　　印张：9.25　　字数：232 千字
印数：1～4000
2014 年 9 月第 1 版　　　　　2014 年 9 月第 1 次印刷

责任编辑：钟　宇　　　　　　责任校对：王净晶
封面设计：对岸书影　　　　插　　画：胡楠　夏仟仟

ISBN 978-7-5611-9342-6　　　　　　定　价：30.00 元

如果您曾满腔热情地学习完日语五十音图，却茫然不知所措，不知下一步该如何继续学习下去了……

如果您认为在中国学日语根本学不地道，学到的也会是生涩的"哑巴日语"……

如果您正期待着一场异国恋情，或者您心目中的Ta是个日本人……

如果您准备去日本留学或者自助旅游，又或者您即将被派到日本工作、出差……

那么，请您选择这套《小丸子的日语征服记》系列丛书，它将绝对不会让您后悔！

本套丛书按照日语学习的规律和难易程度，共分为《30天闯关——小丸子的日语入门》《日本游记——小丸子的异国见闻》和《职场闯关——小丸子练就职场达人术》三本。该系列丛书以中国女孩儿——小丸子为主人公，以在她身边发生的事情为故事主线。从小丸子零起点学习日语，到日本游学的亲身经历，再到日本职场的辛苦打拼，最后她终于能够轻松驾驭日语并深度了解日本文化。故事中，有在日本生活的见闻，有甜美的爱情，也有异国文化的冲突，但这些都是小丸子日语语言积累的源泉。只要您跟随着小丸子的脚步，您就会像她一样，最后能够熟练应用日语。学日语，真的就是这么简单！

本书为《职场闯关——小丸子练就职场达人术》，是为打算去日本工作、出差的人士精心编写的。该书是小丸子更加深入地了解日本、融入日本社会的职场修炼手册。从简历的生成、面试的准备，到对新企业文化的了解、工作流程的熟悉；从商务办公的日常琐事、会见来宾，到大型会议的初露锋芒；从出差的准备、熬夜加班，到公司年会的大获成功。它详细地记录了小丸子的职场成长过程。

全书共分为30课，每课都设置了2-3个会话场景，每课具体分为以下几个栏目：

1."小丸子的日语词汇百宝箱"：提取每课新出现的常用词汇，方便读者重点学习记忆。

2."小丸子的日语文法百宝箱"：对每课新出现的语法知识点进行讲解，以帮助读者掌握基本的日语语法。

3."小丸子的每日一练"：每课都附有练习题，以帮助读者巩固本课所学单词。

4."小丸子的职场经"：介绍了日本职场中的注意事项和工作常识，让读者更加深入地了解日本职场文化。

本书在编写过程中，得到了胡丽娜老师的细心指导，同时，编委会的成员盛丹丹、马凤萍、肖红岩、王英辉、王雪峰老师也参与到本书的编写工作中，在此，一并对以上老师表示由衷的感谢。

最后，期待这套汇集众多旅居日本的学者智慧的历时三年的"呕心之作"能够为您成功地敲开日语学习的大门！期待这次"狠下心来学日语"是您最后的、最成功的决心！

编　者

2014年9月

目 录

送别会

职员

人物介绍

小丸子

北京女孩，20岁，性格开朗热情，留学后在日本工作。

小 新

日本男孩，22岁，日本东京大学的高材生，为人随和、友善、风趣幽默，是小丸子的男朋友，在东京商社工作。

中村 .... 派遣公司职员，为小丸子介绍工作。

佐佐木 .... 东井商社人事部部长，为人随和，工作兢兢业业。

小西 .... 东井商社人事部职员，是小丸子的同事。

加藤 .... 东井商社秘书部部长，是小丸子的前任上司。

视野 .... 东井商社秘书部职员，是小丸子的同事。

池田 .... 东井商社企划部部长，是小丸子的前任上司。

小李 .... 东井商社企划部职员，是小丸子的同事。

成田 .... 出版社企划部股长，是小丸子的上司。

第1课

原来如此
——日本的就职活动是这样的啊

丸ちゃんと新ちゃんは日本の就職活動について話しています

小丸子和小新在讨论日本的就业活动

丸ちゃん：新ちゃん、今日は就職活動へ行くそう？

新ちゃん：そうだよ。日本の就職活動は卒業の半年か1年前から始まるぞ。中国は一緒？

丸ちゃん：多分一緒やね。けど、私ね、試したことがないだもん。直接日本に来たからね。

新ちゃん：一般的にはね、日本の就職活動は学生、失業者、フリーターなど非正規雇用の人が、企業や官公庁などに正規雇用されるための活動を指すよ。転職のためや、自営業を始めるための活動は含めないの。

丸ちゃん：そうなの？

新ちゃん：そういえば、丸ちゃんは日本の就職活動へ行ってみたくない？

丸ちゃん：いいよ。連れて行ってよ。どうせつまらないだもん。

新ちゃん：行くぞ。

小丸子：　小新，听说你今天去参加就职活动？

小新：　　是的。日本的就职活动从毕业前的半年或者一年就开始了。中国也一样吗？

小丸子：　可能一样吧。不过，我又没经历过，直接就来日本了呀。

小新：　　一般来说，日本的就职活动是指学生、失业人员、自由打工的人等没有被正式雇佣的人，被企业、政府机关等正式录用的活动。不包括跳槽和自己创业。

小丸子：　是吗？

小新：　　这么说来，小丸子你不想去看看日本的就职活动是什么样吗？

小丸子：　好啊，带我去吧。反正我很也无聊。

小新：　　走吧。

会話2

東井商社説明会会場

东井商社说明会会场

新ちゃん：今日はね、ちょうど東井商社の会社説明会があるんだよ。

丸ちゃん：東井商社って、その有名な東井商社か。

新ちゃん：うん、日本主要都市のほか、海外にも96支店を持って、金属、雑貨、機械、燃料、銀行、保険などの分野を取扱いしてる大手総合商社だよ。従業員はもう3万以上。

丸ちゃん：すばらしいじゃないか。

新ちゃん：当たり前でしょう？僕がすごく気に入る会社だからね。

丸ちゃん：もし採用されたら、いつ入社するの？

新ちゃん：これはね、新卒枠と既卒枠のどれで採用されたのかにより違うよ。新卒枠の場合、4月1日からの入社が一般的だけどね。4月1日までに少し期間がある場合は、アルバイトや契約社員で働いて、4月1日から正社員になるの。既卒枠なら、随時入社。出来るだけ早くというのが多いんだけど、会社と相談できるよ。

丸ちゃん：なるほど。

新ちゃん：うん、説明会は始まるぞ。聞いてね、会社の概要などはすごく詳しいわよ。

丸ちゃん：ねえ、新ちゃんは何の部門に入るか決めてる？なんか私ね、興奮してるの。私も東井商社に入りたいなの。

新ちゃん：海外事業部か、戦略経営部か考えてるわよ。マンションに帰ったら、サイトで調べてみてたいなあ。各部門の役割とか、未来の発展などを。丸ちゃんが興味があったら、挑戦してみて。けど、丸ちゃんにとっては、難しくないじゃないの？

丸ちゃん：見くびるな。頑張らなきゃ。

小新： 今天正好有东井商社的说明会。

小丸子： 你说的东井商社是那个有名的东井商社吗?

小新： 嗯，除了在日本的主要城市都设有分公司外，在海外还有96个分公司。是主要经营金属、杂货、机械、燃料、银行、保险等领域的大型综合商社。员工已经超过3万人了。

小丸子： 真了不起啊。

小新： 那是当然的吧？是我非常中意的公司啊。

小丸子： 如果被录用的话，什么时候开始正式上班呢？

小新： 这个根据应届生和往届生的录用而不同。应届生的话，一般是4月1日入社。4月1日之前还有一段时间的话，就做做兼职，或者当当合同工。到了4月1日才能成为正式员工。如果是往届生的话，可以随时入社。虽然说尽可能越快越好，但是还是可以和公司商量的。

小丸子： 原来如此。

小新：　嗯，说明会开始了。听听吧，公司概况等介绍都很详细的。

小丸子：喂，小新决定想进哪个部门了吗？不知道为什么我也好兴奋，也想到东井商社工作。

小新：　我还在考虑是进海外事业部还是战略经营部呢。回到公寓后我再在网上查查，看看各部门的职能啊还有未来发展什么的。如果小丸子你有兴趣的话，可以挑战一下啊。不过我觉得对小丸子来说，比较难吧。

小丸子：别轻视我啊，我一定会努力的。

会話3　終身雇用についての話

有关终身雇佣制度

丸ちゃん：中国でね、鞍替えすることがいつもあるんだけど、日本では日本なりの終身雇用を使用するそうだけど、ほんとう？

新ちゃん：終身雇用はさ、僕のような新卒が卒業後すぐに企業に勤めて、同一企業で定年まで雇用され続ける慣行というよ。日本の少子化、日本経済停滞などで、終身雇用が崩壊したそうだけど、長期雇用の慣習がまだ残って、日本の転職率は欧米の半分以下みたいだよ。しかし、今の若者はさ、企業の発展とか、自分の未来などの考えて、入社1年以内に転職する場合が多いそうだよ。

丸ちゃん：そうなの？新ちゃんはどう考える？もし、入ったら、転職したいの？

新ちゃん：ふざけんな。まだ入社してないなのに、何で転職のこと考えてるの？ボケ。

小丸子：在中国跳槽的情况很常见，听说日本是终身雇用制度，是真的吗？

小新：终身雇用制度是说啊，像我这样刚刚毕业的学生，毕业后进入一家企业，一直到退休都在这一家企业工作。随着日本少子化、经济停滞等现象的出现，终身雇用制度听说崩溃了，但是，长期雇用的这种习惯还在延续，日本的跳槽率好像是欧美的一半以下。但是，听说现在的年轻人啊，考虑到企业的发展和自己的将来等（因素），在进公司一年内跳槽的比较多。

小丸子：是吗？那小新你是怎么想的呢？如果真的入职了的话，也想跳槽吗？

小新：开什么玩笑。还没入职为什么就想着跳槽啊？笨蛋。

小丸子的日语词汇百宝箱

1. **就職活動（しゅうしょくかつどう）** 就职活动

2. **大手（おおて）**
   大企业，大公司。

   対应词汇 **小手（こて）** 前臂，胳膊，手指

   注：日文汉字看上去是反义词，但是中文意思则完全不同。

3. 支店（してん）

分公司，分店

> 对应词汇 **本店（ほんてん）** 总公司，总店

4. 分野（ぶんや）

范围，地区，领域

> 近义词 **領域（りょういき）**

5. 採用（さいよう）录用，采用

6. 新卒（しんそつ）应届毕业生

7. 既卒（きそつ）往届毕业生

8. 鞍替え（くらがえ）跳槽

9. 終身雇用（しゅうしんこよう）终身雇佣制度，日本独有的一种雇佣制度

10. 雇用（こよう）雇用

小丸子的日语文法百宝箱

1. ～そう

意义 听说……

接续 动词 / 形容词 / 形容动词连用形＋そう

✿ **就職活動へ行くそう。**

听说要去参加就职活动。

✿ 部長が来週中国へ出張するそうですね。

听说部长下周要去中国出差。

✿ JL 企画は東大優等生がたくさん採用したそうです。

听说 JL 企划公司录用了很多东大的优秀毕业生。

2. ～なきゃ

意义 是「なければならない」的口语形式，必须……

接续 动词否定形＋なきゃ。

❀ **頑張らなきゃ。**

必须要努力。

❀ まだ仕事が山ほど残っているから、残業しなきゃ。

还有很多工作，必须要加班。

❀ これは大至急な案件なので、他のをほっといて、今から取り掛からなきゃ。

这是非常急的案件，现在必须得把其他事情放下，开始处理这个。

3、～でしょう

意义 表示推测，……吧

接续 名词／动词／形容词／形容动词终止形＋でしょう

❀ **当たり前でしょう？**

那是当然的吧？

❀ これは一番役に立つ提案でしょう？

这是最有用的提案吧？

❀ この小説は大人気があるから、売り上げがすぐアップできるでしょう？

这本小说非常受欢迎，销售额一定能马上上涨吧？

小丸子 的 每日一练

利用课中学习的单词完成下列句子：

1. 学校を卒業したばかりの人は＿＿＿＿と言う。

2. 弊社は＿＿＿＿ではなく、新卒のみを採用する。

3. 三菱は＿＿＿＿総合商社です。

4. 私はITという＿＿＿＿では、得意じゃないです。

5. 田中さんは来週支店の部長から＿＿＿＿のに昇進するの？

6. 入社したら、必ず会社のために、頑張ります。＿＿＿＿するつもりは
ありません。

7. 先程、JC広告会社から電話がある＿＿＿＿です。

8. 倉庫には事故が起こったそうですので、見に行か＿＿＿＿。

答案

1. 新卒だ	2. 既卒	3. 大手
4. 分野	5. 本店	6. 鞍替え
7. そう	8. なきゃ	

小丸子 的 职场经

　　小丸子刚刚了解了日本的就职活动，就要现学现卖啦，今天就由小丸子为大家讲解一下日本的就职活动。

　　日本的就职活动简称为「就活」，是毕业生、失业人员、自由打工的人被企业或者政府机关正式雇佣的一种活动。这里一般不包括跳槽和自主创业的人们。就职活动的参加者大致分为两类，这里其实和中国差不多，一类是应届生，一类是往届生。一般的学生是从大三的秋天或者冬天开始准备参加就职活动，也就是11月份开始准备。（这里要提一下，日本的一个学年是从3月份开始，而中国则是从9月份开始。）

　　在日本，到了2、3月份的时候，就有各大公司的说明会，4月1日有公司的录用考试，等到5月份黄金周前后，公司录用的人员名单就会出炉。9月份的时候，企业还会招聘一些没有考上公务员的人才，到了10月，一年的就职活动就差不多结束了。

锁定目标
——一起投递简历

会話1

丸ちゃんと新ちゃんは履歴書の書き方について話しています

小丸子和小新在讨论简历的写法

丸ちゃん： ねえ、新ちゃん！東井商社に入りたいんだけど、履歴書を送ろうと思って、どう書いたほうがいいかわからなくて、書き方のアドバイス頂戴。

新ちゃん： 僕も書いてるところでさ、履歴書は本当に大切なものなんで、会社にとっては、履歴書はさ、私たちの第一印象だと言えるんだよ。履歴書の内容と書き方は会社が応募者を判断して、面接チャンスを与えるかどうかに大きい影響があるんだね。書く時、十分注意してね。

丸ちゃん： 分かってるんだけど、注意点とかは？

新ちゃん： そうだね。新卒者の私たちにとってはさ、職歴がほとんどないんで、一番重要なのは履歴書の簡潔、見やすい、応募職種に合わす自分の長所を強調することなどだと思ってる。後、写真はさ、きれいに写ってる正式な上半身なのはもっとよいと。学歴は高校から大学卒業まで記入したら大丈夫。何か資格、免許などがあったら、必ずきちんと記入してね。後は、あのう、自分PRを書くときは、自分の長所、会社に貢献できる価値なども。大体そういうことで。

丸ちゃん： 分かった。ありがとう。完了したら、見せるわ。

新ちゃん： いいよ。

小丸子： 喂，小新！我想进东井商社，正要投递简历呢。可是不知道怎么写比较好，请给我点儿写简历的意见吧。

小新： 我也正好在写呢。简历真的是非常重要的，对公司来说，简历可以说是对我们的第一印象啊。简历的内容和写法对于公司判断应聘者以及是否给应聘者面试的机会有很大的影响呢。写的时候，一定要十分注意啊。

小丸子： 我知道啊，可是有什么需要注意的地方呢？

小新： 这个啊。对于刚毕业的我们来说，几乎没有工作经历，所以最重要的我觉得应该是简历要简洁、容易看得懂、强调自己对于这个应聘的职位有什么优点等等。然后，照片要是那种照得漂亮的正式的上半身照片。学历从高中开始写到大学毕业就可以了。

如果有什么资格证、执照什么的一定要写进去。之后，嗯，写自我评价的时候，也要写上自己的优点、可以为公司做什么贡献等。大概就是这些了吧。

小丸子：知道了，谢谢。写完了我给你看看。

小新：好的。

会話2 丸ちゃんと新ちゃんは履歴書の送り方について話しています

小丸子和小新在讨论发送简历的方法

丸ちゃん：履歴書、無事で完了しました。見てね。

新ちゃん：うわ、完璧だね。さすが丸ちゃんやね。

丸ちゃん：で、一緒に履歴書を送ろうか。どうやって送るかなあ。メールで？それとも手紙で？

新ちゃん：僕なら、両方で送ろうと思ってる。万が一届かないためだね。

丸ちゃん：送った後に、確認電話とか必要があるの？

新ちゃん：うん、そりゃいいわ。三日間ぐらい後はもっといいわよ。人事部は履歴書を選別するのも時間がかかるからね。メールアドレスと会社電話番号は会社説明会で手に入れた資料で調べられるわ。送ってみよう。

小丸子： 简历顺利完成了。看看呀。

小新： 哇，非常完美啊。不愧是小丸子啊。

小丸子： 那么，我们一起发简历吧。可是怎么发呢？用邮件吗？还是以信件的形式呢？

小新： 如果是我的话，想两种方法都试一试。以防万一到不了。

小丸子： 那发完之后，用电话确认吗？

小新： 嗯，最好是那样。最好是在发送完的三天左右打电话确认一下，因为人事部筛选简历也需要时间。邮箱地址和公司电话都在公司说明会上拿到的资料上可以查得到。试着发吧。

会話3

丸ちゃんは東井商社へ確認電話をしています

小丸子给东井商社打确认电话

会社員　：お電話ありがとうございます。東井商社でございます。

丸ちゃん：もしもし、応募者の丸と申しますが、人事部の佐々木部長がいらっしゃいますでしょうか。

会社員　：少々お待ちください。

小西　　：はい、人事部の小西です。

丸ちゃん：応募者の丸と申しますが、佐々木部長をお願いできますでしょうか。

小西　　：すみませんが、部長は今席をはずしておりますが、何のご用件でしょうか。

丸ちゃん：あのう、先日貴社の会社説明会に参加しまして、貴社に勤めさせていただきたいと思っておりますので、三日間前に、履歴書をお送りいたしましたが、届いたかどうか確認したいので、電話したんですが、調べていただけませんか。

小西　　：少々お待ちください。こちらで調べてみます。丸さんですね。届きましたが、面接はいつ行うかまだ決められて

ないですので、もし決められましたら、改めてお知らせ
いたします。

丸ちゃん： かしこまりました。わざわざ調べていただいて、真にあ
りがとうございました。本当に貴社に入りたいんですが、
面接チャンスを楽しみにしております。それでは、失礼
いたします。

小西　： お電話ありがとうございました。失礼します。

公司职员：	感谢您致电，这里是东井商社。
小丸子：	喂，您好，我是应聘者小丸子，请问人事部的佐佐木部长在吗？
公司职员：	请稍等。
小西：	您好，我是人事部的小西。
小丸子：	我是应聘者小丸子，能麻烦您帮我转接一下佐佐木部长吗？
小西：	非常抱歉，部长现在不在座位上，请问有什么事情吗？
小丸子：	那个，前几天我参加了贵公司的说明会，非常想到贵公司工作。三天前我发送了简历，不知道贵公司是否收到了，所以打电话想确认一下，能请您查一下吗？
小西：	请稍等，我查一下。小丸子是吧，简历已经收到了，但是什么时候面试还没有定下来，等决定下来以后，我们会再通知您的。

小丸子：　知道了，非常感谢您特地查询。我非常想进入贵公
　　　　　司工作，衷心期待着面试的机会。那么，打扰了。

小西：　　非常感谢您的来电，再见。

小丸子的日语词汇百宝箱

1. **履歴書（りれきしょ）** 简历

2. **応募（おうぼ）**
   应聘、应征
   > 对应词汇 **募集（ぼしゅう）** 募集、招募、召集

3. **職歴（しょくれき）** 工作经历

4. **学歴（がくれき）** 学历

5. **職種（しょくしゅ）**
   工种、职务的种类
   > 对应词汇 **職務（しょくむ）** 职务

6. **長所（ちょうしょ）**
   长处、优点
   > 反义词 **短所（たんしょ）** 短处、缺点

7. **簡潔（かんけつ）**
   简洁、简明扼要
   > 反义词 **複雑（ふくざつ）** 复杂

8. **完璧（かんぺき）** 完美、完美无缺

9. **勤める（つとめる）** 任职、工作、服务

10. **席を外す（せきをはずす）** 不在座位上

小丸子的日语文法百宝箱 ✏

1. ～ております

意义 「～ている」的自谦形式。

接续 动词て形＋おります

⚙ **席を外しております。**

不在座位上。

⚙ 大山さんは今外出しております。

大山先生现在外出。

⚙ 書類をすでに翻訳完了しておりました。

文件已经全部翻译好了。

2. ～ていただけませんか

意义 是一种尊敬的表达方式。能请您……吗？

接续 动词て形＋いただけませんか

也可以说成「～ていただけないですか」，或者使用肯定的表达形式「～ていただけますか」（可以请您……吗）。

⚙ **調べていただけませんか。**（文中例句）

能请您查一下吗？

⚙ 昨日の会議資料を再度送付していただけませんか。

能否请您将昨天的会议资料再发一遍？

⚙ 誤った箇所を訂正していただけますか。

可以请您将错的地方改正一下吗？

小丸子 的 每日一练

利用课中学习的单词完成下列句子：

1. _____に住所と電話番号をお書きください。

2. 「秘書を_____したいんですが、どうしたらいいでしょうか。」

   「はい、確かに弊社は秘書を_____しておりますが、ここで申し込み書をお書きください。」

3. この仕事は、関連_____経験が必要ですが。

4. どうしてこの_____をしたいですか。自分の_____を言ってみてください。_____でもいいですけど。

5. 報告書を_____に書きなさい。こんなに_____でみにくいやつが要らない。

6. _____な見積り書だよね。よくないところがあんまりないです。

7. すばらしい会社に_____て、本当に羨ましいです。

答案

1. 履歴書　　　2. 応募、募集　　　3. 職歴

4. 職種、長所、短所　　5. 簡潔、複雑　　6. 完璧

7. 勤め

小丸子 的 职场经

　　小丸子刚刚投递了简历，这可是第一次投递简历呢。她心里还是忐忑不安，不知道能不能得到面试的机会。但是，即使没有得到这次宝贵的面试机会，也还是大有收获的，那就是她知道了如何写出吸引人眼球的简历，现在就和大家分享一下吧！

　　首先，简历一定不要过于繁冗复杂，要简明扼要、突出重点。日本的简历模式一般都符合日本工业规格（JIS）的规定，根据这个规定填写必要项目。比如：

- ·姓名
- ·出生年月日
- ·联系方式、电话号码
- ·资格证

- ·性别
- ·现住址、邮编
- ·学历、工作经历
- ·自我评价

　　这些内容大部分和中国的简历相同。但是，在日本有些公司要求简历必须是手写的，而且普通信件投递的简历要比通过邮件投递的简历效果更好。而现在在中国，我们大多选用邮件投递简历或者在线投递简历的方式。另外，在写简历的时候，一定要根据自己所应聘的岗位来写自己的长处等等，整体效果好比局部效果好更为重要。

第3课

面试准备
——甜蜜逛街购买面试必需品

会話1

やった。面接チャンスが来た

太好了！面试的机会来了

小西 ：東井商社人事部の小西と申しますが、丸さんの携帯でしょうか。

丸ちゃん：はい、丸です。

小西 ：弊社を応募していただいて、真にありがとうございました。これは面接のお知らせです。面接は来週月曜日の10時となります。場所は東井商社ビル3階の会議室です。ご都合はいかがでしょうか。

丸ちゃん：あ、来週月曜日の10時ですね。かしこまりました。10時に伺います。このチャンスをいただいて真にありがとうございました。

小西 ：後ほど、面接時間、場所および地図が記載されているお知らせメールを送らせていただますので、履歴書に記入されているメールアドレスで大丈夫でしょうね。

丸ちゃん ：はい、大丈夫です。お願いいたします。

小西 ：はい、了解いたしました。それでは、お待ちしております。

小西： 我是东井商社人事部的小西，请问是小丸子（的手机）吗？

小丸子： 是的，我是小丸子。

小西： 非常感谢您应聘我们公司。现在通知您面试的详情。面试在下周一的10点。地点是东井商社大厦三层的会议室。您方便吗？

小丸子： 啊，下周一10点是吧？知道了，我10点的时候到。非常感谢能给我这次面试的机会。

小西： 一会我会把写有面试的时间、地点以及地图的通知发到您的邮箱里，发到写简历的邮箱地址可以吗？

小丸子： 可以，没有问题。拜托了。

小西： 好的，了解了。那就等您来我们公司面试。

会話2

丸ちゃんと新ちゃんは面接準備について話しています

小丸子和小新正在讨论关于面试准备的事

丸ちゃん： 私来週月曜日に面接へ行くんだ。新ちゃんも一緒やね。いろいろ準備しなきゃ。で、何かヒントとかを与えてもらえる？

新ちゃん： そうやね。第一は服装。清潔な服が必要。だらしがないのが禁止だね。スーツで大丈夫。まぁ、丸ちゃんが普段着てないんだけどね。

丸ちゃん： スーツは嫌だけどね。仕方がなく、もうすぐ社会人になるんだからね。

新ちゃん： あとはさ、マナー。面接時のマナーも重要だよ。座ってる時の姿勢、ドアノック、言葉遣い、お辞儀など。

丸ちゃん： 具体的に言ったら。

新ちゃん： うん、そうだね。笑顔で面接官の目を見ること。周りにきょろきょろすることは禁止。自分の癖などを注意。ドアをノックするときはさ、落ち着いて、2回か3回がよいと。それに、面接官から「どうぞ」との返事があってから、入ること。返事がなくて、自分が入るのも禁止。話すときはさ、敬語を使うこと。私たち普段使用してる言葉はダメ。大体そうやね。

丸ちゃん： なるほど。マナー、マナー、面接マナー。難しいなあ。なんかどきどきしてるの。

新ちゃん： 丸ちゃんなら、絶対に大丈夫。一緒に頑張ろう。

小丸子： 我下周一要去面试，小新也一起去吧。必须要好好准备准备。那么，有没有什么注意的地方给我提点儿的啊？

小新： 嗯，第一个是服装。必须要穿整洁的服装，不要穿得邋遢。穿套装就可以了。虽然小丸子你平时不怎么穿。

小丸子： 不喜欢穿套装啊，但是没有办法，马上就要变成社会人了。

小新： 另外就是礼节。面试时候的礼节也是很重要的。坐着的时候的姿势啦、敲门啦、措词啦、鞠躬啦等等。

小丸子： 具体说呢？

小新： 嗯。要面带微笑地看着面试官的眼睛。不要东张西望。要注意自己平时的一些小毛病等。敲门的时候，要慢点敲两下或者三下。然后，面试官说"请进"后，再进去。如果没说，不要进去。说话的时候，要使用敬语。我们平时说话时使用的这些语言不行。大概就是这些吧。

小丸子： 原来如此。礼节，礼节，面试礼节，好难啊。感觉好紧张。

小新： 小丸子的话，一定没有问题的。我们一起加油吧。

会話3　丸ちゃんと新ちゃんはデパートへ面接用品を買いに行きます

小丸子和小新去商场买面试必需品

丸ちゃん： 新ちゃんは新しいスーツを買う？

新ちゃん： 僕は前のスーツを着たら大丈夫。今日の目標は丸ちゃんのためなのよ。頭から足まで、全部僕が用意しとくわ。

丸ちゃん： ありがとう。うれしいわ。じゃ、化粧品から選ぼうよ。

新ちゃん： アイシャドーなら、新卒者は職歴があんまりないんで、若さを強調するため、濃い色を避けて、淡いピンクかオレンジ色が選んだほうがよいと思うわ。丸ちゃんなら、可愛いから、ピンクでもっといいよ。眉毛なら、柔らかいラインなら、優しい印象が与えられるから、注意してね。

丸ちゃん： はい、了解。ピンクアイシャドーなら、私が持ってるから、買わなくていいよ。

新ちゃん： そうだね。節約節約わ。後はさ、その日、メガネがだめ、コンタクトが薦めるよ。コンタクトを持ってるよね。そりゃ、大丈夫。アクセサリーは簡単なデザインのものを。ピアスはさ、揺れてるもんはダメ。これとこれにしてね。後はさ、バッグ、バッグ。当日にはさ、履歴書など関係応募書類を持って行けなければダメなんで、書類を折ら

ずに入る大きなバッグを選んでね。後は、スカートでも
パンツでもいいだけど、丸ちゃんなら、僕が紺のスカー
トを薦めるわ。若いからね。スカートを選んだから、ス
トッキングは必ず必要やね。ナチュラルな肌に近いもの
を選んだほうがいいね。それに、ハイヒールなら、高す
ぎない黒いやつを着てね。

丸ちゃん：なんで笑ってるの？

新ちゃん：想像してみたら、丸ちゃんは社会人になる完璧な OL だ
よね。

丸ちゃん：で、新ちゃんは何を着る？

新ちゃん：男性なら、女性よりもっと簡単かなあ。僕はさ、黒いスー
ツ、地味なネクタイ、黒いバッグ、黒い靴、黒い靴下。
メイン色は黒。必ず問題ないんだ。心配するな。

小丸子： 小新，买新西装吗？

小新： 我穿以前的西装就可以。今天的目标是为小丸子买啊。从头到脚，我都包办了。

小丸子： 谢啦。真高兴。那先从化妆品开始挑选吧。

小新： 眼影的话，刚毕业的学生没有什么工作经验，所以为了强调我们还年轻，要尽量避开颜色浓的眼影，我觉得选择颜色很淡的粉色或者橘黄色比较好。小丸子的话，因为很可爱，所以我觉得粉色更好看。眉毛的话，要画得比较柔和，这样能给人很亲切的印象，要注意一下。

小丸子： 好的，了解。我有粉色眼影。就不用买了。

小新： 是啊。要节约节约啊。然后呢，那天最好不要戴眼镜，我推荐隐形眼镜。你有隐形眼睛是吧？那就没关系了。饰品呢，最好选择简单设计的那种。耳环啦，不要戴那种摇摇晃晃的。我们选择这个和这个吧。然后是包，包。当天，必须带着简历等相关的应聘资料去，所以要选择不能将资料弄出折痕的大包。然后，虽然穿裙子和裤子都可以，但是小丸子的话，我推荐穿深蓝色的裙子。因为小丸子还很年轻嘛。因为选择了裙子，所以一定要选择长筒袜，最好选择贴近肤色的袜子。然后，高跟鞋的话，穿跟不要太高的黑色的。

小丸子： 为什么笑啊？

小新： 想象一下，小丸子就要变成非常完美的OL了。

小丸子： 那小新穿什么呢？

小新： 男人比女人要简单啊。我呢，黑色的西装、朴素的领带、黑色的包、黑色的鞋、黑色的袜子、主色调是黑色。肯定没有问题的。不要担心。

小丸子的日语词汇百宝箱

1. 知らせ（しらせ） 通知、预兆、前兆

2. 都合（つごう） 方便、情况、状况、机会、时机、凑巧

3. 記載（きさい） 记载、写上

4. 清潔（せいけつ） 清洁、干净、（人品等）公正、廉洁

5. マナー 礼节、礼貌、态度、举止、习惯、风俗

6. きょろきょろ 东张西望、贼眉鼠眼

7. 用意（ようい） 预备、准备、小心、在意、注意

8. 薦める（すすめる） 推荐、推举

9. 書類（しょるい） 文件、资料

10. 想像（そうぞう） 想象

小丸子的日语文法百宝箱

1. とく

意义　「ておく」的口语化形式。

表示①预先做好某事；②保持某种状态。

接续　动词て形＋おく，在口语中，直接将「ておく」变成「とく」

⚙ **僕が用意しとくわ。**

都由我事前来准备。

⚙ 部長の旨を僕から課長に伝えとくわ。

我会告诉科长部长的想法的。

⚙ 会議前に、各種の書類をよく確認して、準備しといてください。

会议前，请好好确认各种资料并做好准备。

2. 伺う

意义　是「聞く、たずねる」的谦语，请教、打听。

是「訪れる、訪問する」的谦语，拜访、访问。

⚙ **10 時に伺います。**

10 点去拜访。

⚙ 来週金曜日に貴社へ伺いたいと思っておりますが。

下周五想去拜访贵公司。

⚙ ごアドバイスを伺わせてください。

请让我听听您的建议。

小丸子的 **每日一练**

利用课中学习的单词完成下列句子:

1. これは試験の＿＿＿＿＿です。来週水曜日に中間試験がございます。よく準備してください。

2. 明日の10時はこちらでは＿＿＿＿＿が悪いので、9時に変更していただいてもよろしいでしょうか。

3. 納品報告書に＿＿＿＿＿されている項目をよく確認してください。

4. 日本は＿＿＿＿＿を大切にする国で、自分の言葉遣いおよび行動は必ず注意してください。

5. 会議中にはよく上司の話を聞いてください。＿＿＿＿＿するな。

6. 明日出張しますね。荷物を＿＿＿＿＿してあげる？

7. いろいろ計画案をもらいました。何かお＿＿＿＿＿のがありますか。

8. 君が社会人になる様子を＿＿＿＿＿できないです。

答案

1. お知らせ	2. 都合	3. 記載
4. マナー	5. きょろきょろ	6. 用意
7. 薦め	8. 想像	

小丸子 的 职场经

　　小丸子今天从小新那里学到了很多呢。心里非常感谢小新，但是作为新时代的女性，我们也要靠自己啊。所以除了小新告诉小丸子的一些面试的基本知识，小丸子还从好朋友那里问了一些，也在网上查到了一些。现在就和大家分享一下吧。

　　在日本，有专门教大家面试技巧的网站，比如雅虎日本等网站。面试前的准备也是必不可少的，可以说是非常重要的。俗话说"知己知彼，百战百胜"。首先，一定要守时，不能迟到，迟到是大忌。所以要事先明确一下从出发地点到达面试地点需要的时间，最好能早点到，给自己留有时间准备。在出门前，要好好地确认是不是所需的资料都已准备好，自己的服装是否符合要求和标准。日本是一个非常注重礼仪和礼节的国家，在日本的公司上班，每日换衣服是非常基本的礼仪，所以足以看出面试服装的必要性。至于该穿什么，小新已经告诉小丸子了，就请大家参照会话文吧。另外，对自己所要面试的公司一定要了解，对自己写的简历也一定要非常熟悉，万一被面试官问到，回答不上来，肯定会让自己的印象大打折扣的。所以事前的功课一定要做好哦。

第4课

面试之战
——两个人一起去面试

会話1

丸ちゃんと新ちゃんは面接コツについて話しています

小丸子和小新在讨论面试的要领

丸ちゃん：いよいよ明日だよね。なんかどきどきしてる。

新ちゃん：丸ちゃんなら、必ず大丈夫。心配するな。

丸ちゃん：新ちゃんは何か面接コツがあるかなあ？教えてもらえる？

新ちゃん：そりゃ…そうだ。ちゃんと東井商社のことを調べてみた？いつ設立されて、従業員は何人がいて、売り上げはどれぐらいあることなど。そして、商社の経営理念を知るはずだよ。なんの部門に入りたい？なんでその部門に入りたいのか？全部ちゃんと調べたほうがよいと。

丸ちゃん：それは全部会社説明会で手に入れた資料に書かれているんだよ。見たよ。ちゃんと見たよ。

新ちゃん：東井商社のホームページを見た？それも見たらどう？
　　　　　もっと詳しい内容があるはずなのよ。

丸ちゃん：まあ、面倒くさいから、もういいや。ほかには？

新ちゃん：面倒くさいけど、ぜひぜひよく見てね。必ずヒントがあ
　　　　　るよ。後はさ、態度。面接は人と人のコミュニケーショ
　　　　　ンでしょ。会話の態度も大切なんだよ。ちゃんと面接官
　　　　　の目を見ながら、はっきり、大きい声で返事するのはい
　　　　　い印象が作れるんだね。後は、必ず自分が言いたいこと
　　　　　を面接官にしっかり伝わること、っていうことは結論を
　　　　　先に言うこと。たくさん話したけど、結局何を伝わりた
　　　　　いか全然分からない受験者が結構いるよ。面接官は実際
　　　　　にそのような前置きを全然聞きたくないんから、重要な
　　　　　ポイントを直接に言ったほうがよいって僕が思うんだ
　　　　　ね。

丸ちゃん：うん。先日教えてもらったマナーと今日のコツを覚えと
　　　　　くわ。ありがとうね。

新ちゃん：あっ。そうだ。自分の PR、自分の PR。最高の自分を面
　　　　　接官に伝われるために、自分は一体どんな人間か。どん
　　　　　な長所があるか。自分の短所は何か。どうやって自分の
　　　　　短所を改善できるのか。新しい物に対する飲み込みがど
　　　　　うだったのか。自分は会社に何を貢献できるのかなど。

自己紹介時間は短いでしょう！その１分間に自分の特長と魅力を必ずちゃんと面接官に伝わってね。

小丸子： 面试就在明天了啊。感觉好紧张。

小新： 小丸子的话，一定没问题的。不要担心。

小丸子： 小新有什么面试的要领吗？可以告诉我吗？

小新： 这个嘛……对了，有没有好好地查一下东井商社啊？什么时候成立的、有多少员工、销售额是多少，等等。然后，一定要知道商社的经营理念。想进入什么部门？为什么要进入那个部门？全部都好好地查一下比较好。

小丸子： 那些全都写在从公司说明会上得到的资料上啊。看了。已经认真地看过了。

小新： 东井商社的主页看了吗？再看看那个怎么样？应该有更详细的内容。

小丸子： 呀，太麻烦了，还是算了吧。还有其他的要领吗？

小新： 虽然麻烦，但是还是一定一定要认真地看看的。一定会有启发的。还有就是态度。面试就是人与人的交流对吧？所以谈话的态度也是很重要的啊。一定要看着面试官的眼睛，清楚大声地回答面试官的问题，这样会留下好的印象的。还有就是一定要把自己想说的东西好好地传达给面试官。也就是说，要先把自己想说的结论说在前面。有很多去面试的人虽然说了很多，但是最后根本不知道想要表达的是什么。面试官实际上是不愿意听那么多引言的。所以我认为把重点直接告诉面试官最好。

小丸子：嗯，前几天告诉我的面试礼节和今天告诉我的面试要领，我都记住了。谢谢啊。

小新：啊，对了。自我评价，自我评价。为了将最好的一面展示给面试官，要说明自己到底是一个怎么样的人？优点是什么？有什么缺点？怎样改正自己的缺点？对新事物的领会能力如何？自己能给公司做出什么样的贡献，等等。自我介绍的时间很短！在那一分钟的时间内，一定要好好地将自己的特长和魅力传递给面试官。

会話2

東井商社の会議室で丸ちゃんは面接を受けています

在东井商社的会议室里，小丸子接受面试

（ドアノック）

丸ちゃん：失礼いたします。

面接官　：はい、どうぞ。そちらにお座りください。

丸ちゃん：ありがとうございます。

面接官　：丸さん、まずは1分間に自己紹介してください。

丸ちゃん：はい。それでは、簡単に自己紹介させていただきます。丸と申します。昨年日本へ留学しに来ました。日本語能力試験 N1、中国の英語試験 CET6 級に合格いたしました。

4月に学校を卒業して、日本企業で働かせていただきたいと思います。先日貴社の会社説明会に参加いたしまして、貴社の企業文化、経営理念および人材育成方法を認めさせていただきますので、ぜひ貴社に勤めさせていただきたいと思います。新卒者としての私は、仕事経験がほとんどありませんが、学校ではクラブ活動に積極的に参加いたしましたので、少しだけの経験が積みました。私は新しいものに対する飲み込みが速いですから、貴社の仕事を担当する能力があるように精一杯頑張りたいと思っております。はい、以上です。ご清聴ありがとうございました。

面接官 : ありがとうございます。丸さんはどうしてわが社に応募しましたか。理由をあげてください。

丸ちゃん : そうですね。東井商社は日本ではTOP3の商社のひとつで、総合業務で将来性があると思います。それに、私は日本語と中国語を活用して、日中貿易業務に貢献しようと思います。

面接官 : 丸さんはどうして、日本で働くことにしますか。わが社は中国支店があるじゃないですか。帰国して、東井中国で働けば？

丸ちゃん : そうですね。あのう。日本へ来た以上、日本企業らしい

日本企業の雰囲気を感じたくて、日本企業のマナーとか、企業文化などを身につけたいと思っております。そうすると、帰国したら、東井中国であれ、ほかの日本企業であれ、必ず日本人らしいの考え方とかで、仕事に対して頑張ろうと思います。

面接官 ：なるほど。分かりました。もし採用されましたら、どんな部門に入りたいのでしょうか。どうしてですか。

丸ちゃん ：そうですね。もし、採用されましたら、私は海外事業部に入りたいです。なぜかというと、私は日本語も、英語も、中国語もできますので、言語を活用して、貴社の海外開拓事業に自分の少しだけの力を尽くしたいからと思います。

面接官 ：分かりました。それでは、丸さんはわが社に対する何か質問などがありましたら、遠慮なく、聞いてください。

丸ちゃん ：そうですね。貴社は新入社員のために、何か研修計画などがございますか。自分の未来の発展に気になっていますので、一応聞こうと思っております。

面接官 ：そうですね。もし、丸さんが採用されましたら、新人研修コースにあります。楽しみにしてくださいね。それでは、今日の面接はこれで終わります。1週間以内に、採用か不採用か決まられましたら、通知書をわが社の人事

部よりお送りいたしますので、少々お待ちいただければ。

お疲れ様でした。

丸ちゃん： この面接チャンスをいただいて、真にありがとうござい ました。それでは、失礼いたします。

（敲门）

小丸子：打扰了。

面试官：请进。请坐在那儿。

小丸子：谢谢。

面试官：小丸子，首先请做一分钟的自我介绍。

小丸子：好的。那么我就简单地做一下自我介绍。我叫小丸子。去年来日本留学。通过了日语能力测试N1级和中国英语考试CET6级。4月份的时候我将从学校毕业，想在日本企业工作。前几天参加了贵公司的说明会，我非常认同贵公司的企业文化、经营理念以及人才培养方法，所以非常希望能够在贵公司工

作。作为应届毕业生的我，没有什么工作经验，但是我在学校的时候积极参加了社团活动，积累了一点儿经验。我对新事物的领悟能力很快，所以为了可以胜任贵公司的工作，我一定会万分努力的。就是以上这些，多谢各位垂听。

面试官：谢谢。小丸子为什么会应聘我们公司呢？请举例说明理由。

小丸子：嗯。东井商社是日本三大顶尖商社之一，我觉得在综合业务上很有发展。而且，我想运用日语和汉语，为日中贸易做出贡献。

面试官：小丸子为什么选择在日本工作呢？我们公司在中国不是也有分公司吗？回国在中国东井工作的话怎么样呢？

小丸子：嗯，这个嘛，既然来到了日本，我就很想感受正宗的日本企业的氛围，学习真正的日本企业的礼仪和企业文化等。这样的话，回国以后，不管是在中国的东井工作，还是在其他的日企工作，我都会以日本人的思考方式来努力工作的。

面试官：原来如此。明白了。如果小丸子被录用的话，想进入什么部门呢？为什么呢？

小丸子：嗯，如果我被录用的话，我想进海外事业部。为什么这么说呢，因为我会日语、英语还有汉语，我想运用这些语言，为贵公司的海外拓展事业贡献自己的微薄之力。

面试官：了解了。那么，小丸子对我们公司还有什么想问的问题的话，不要客气，请问。

小丸子：嗯。贵公司为新员工准备了什么培训计划等吗？因为我很在意自己将来的发展，所以想大致听一听。

面试官：嗯，如果小丸子被录用的话，这些在新人培训课程里都有。请期待。那么，今天的面试就到这里了。一周之内，我们决定录不录用之后，会由我们的人事部给您发通知书的。请稍等。辛苦了。

小丸子：非常感谢给我这次面试的机会，那么告辞了。

小丸子的日语词汇百宝箱

1. コツ 要领、要害、骨头、骨骼、身体

2. 売り上げ（うりあげ）销售额、全部销售完
   > 相关词汇 売れ行き（うれゆき）商品销路、销售情况、趋势

3. 面倒くさい（めんどうくさい）非常麻烦的、非常费事的

4. 前置き（まえおき）前言、引言、序言

5. 特長（とくちょう）特长

6. 育成（いくせい）培养、培育、饲养
   > 相关词汇 培養（ばいよう）培育（花草树木等）

7. 積極的（せっきょくてき）积极的
   > 反义词 消極的（しょうきょくてき）消极的

8. 飲み込み（のみこみ）理会、领会、认可

9. 精一杯（せいいっぱい）竭尽全力、尽力

10. 身につける（みにつける）掌握、得到

小丸子的日语**文法**百宝箱

1. お＋和语词汇ます形／汉语词汇词干＋ください

意义 请做……，有敬意的请求对方做……

- **お座りください。**

  请坐。

- 申し込み書に個人的な情報をお書きください。

  请在申请书上写上个人的信息。

- 会議で起こった事故をご説明ください。

  请解释一下会议中发生的事故。

2. ～であれ、～であれ

意义 无论是……还是……、不论是……还是……

接续 名词＋であれ、名词＋であれ

- **東井中国であれ、ほかの日本企業であれ、必ず日本人らしいの考え方とかで、仕事に対して頑張ろうと思います。**

  不管是在中国东井工作，还是在其他日企工作，我都一定会以日本人的思考方式来努力工作的。

- 晴天であれ、雨天であれ、明日の計画は変更がありません。予定通り実施してください。

  不管是晴天，还是雨天，明天的计划都不变。请按照预定的实施。

- 渋滞であれ、何であれ、遅刻は遅刻だ。言い訳がない。

  不管是堵车，还是什么，迟到就是迟到。没有借口。

小·丸子 的 每日一练

利用课中学习的单词完成下列句子：

1. _____を覚えれば、解決しやすいでしょう？

2. この新製品の_____がよいから、一日の_____は100万円以上です。

3. _____を言わないでください。仕事はさ、いつでも_____ことがあるのよ。

4. 会議は長い_____が禁止だね。

5. 人生なら、_____ではなく、_____に前に向かって、生きて行きましょう。

6. せっかくのチャンスですから、_____頑張ってください。

7. 新製品はいろいろな新機能があるじゃないですか。野田さんは賢い子で、_____が早くて、すぐ覚えられるわよ。

8. 出張報告を今週金曜日までにご提出_____。

答案

1. コツ   2. 売れ行き、売り上げ

3. 面倒くさい、面倒くさい   4. 前置き   5. 消極的、積極的

6. 精一杯   7. 飲み込み   8. ください

小丸子**职场珍**

　　小丸子为了小新要在日本工作一段时间，所以除了了解日本企业、为日本企业工作，小丸子也要考虑到自身的保障制度啊。在中国，我们有五险一金作为保障，那么在日本，这种保障是怎样的呢？现在小丸子就和大家一起分享一下吧！

　　日本采取的是全民保险制度。原则上在日本拥有房屋的都必须加入官方的健康医疗保险以及年金保险。日本政府规定企业有义务为公司员工投保以下四个险种：

1. 劳动者工伤保险：这是针对劳动者因工作受到了伤害而产生疾病的保险，相当于中国的工伤保险。

2. 雇用保险：劳动者的失业救济保险，相当于中国的失业险。

3. 健康保险、护理保险：相当于中国的医疗保险。

4. 公共福利保险：这是以老龄、死亡、残疾为给付条件的保险。

　　通常，工伤保险和雇用保险统称为劳动保险，健康保险、护理保险以及公共福利保险统称为社会保险。

喜与悲
——小丸子落选，小新如愿被录用

今朝、二人とも東井商社より通知書を受け取りました。

新卒新様	平成××年×月×日
	東井商社
	人事部　小西
採用通知書	
拝啓 　このたびは、弊社にご応募いただき、誠にありがとうございました。 　慎重に選考を重ねました結果、新様を採用することにいたしましたので、お知らせいたします。 　つきましては、同封の書類を良くお読みいただき、必要事項をご記入の上、下記の期限までにご返送いただきますようお願い申し上げます。 　なお、応募書類は返却なし、人事部にてお預かりさせていただきますので、ご了承ください。 　入社日および新入社員研修等の日程は改めて2月頃に郵送にてお知らせいたします。 　残りの学生生活に関しましても、健康によく留意されますよう、お願い申しあげます。 　　　　　　　　　　　　　　　　　　　　　　　　　　　　敬具	
記	

（续表）

1. 提出書類	入社承諾書
	卒業証明書（*）
	成績証明書（*）
	誓約書
	身元保証書
	健康診断書
2. 提出期限	平成××年×月×日（必着）
	（* 但し卒業証明書、成績証明書は 3 月 20 日までで可）

何かご不明な点がございましたら、いつでもお問い合わせください。

本件に関する問い合わせ先　　人事部：小西

連絡電話：123 − 4567

新卒丸様	平成××年×月×日
	東井商社
	人事部　小西

不採用通知書

拝啓

　このたびは、弊社にご応募いただきまして、誠にありがとうございました。

　慎重に選考を重ねました結果、まことに残念ながら、今回についてはご期待に添えない結果となりました。

　今回は思いがけずたくさんの方からご応募をいただき、弊社といたしましても大変苦慮した上での決定でございます。

　なお、先日いただいた応募書類を同封させていただき、返却いたしますので、ご査収くださいませ。

　末筆ではございますが、貴殿のご健勝をお祈り申し上げます。

敬具

今天早上两个人都收到了东井商社的通知书。

应届毕业生小新先生	平成××年×月×日
	东井商社
	人事部　小西

录取通知书

敬启

　　非常感谢您本次应聘敝公司。

　　经过慎重地层层选拔，我公司决定录用小新先生，特此通知。

　　因此，请认真阅读随信附上的资料，填写必要事项，在下述日期前邮寄给我公司。

　　另外，应聘时您提供给我们的资料，不再返还给您，会由我公司的人事部保管，请了解。

　　入社日以及新员工培训等日程我公司会在二月左右邮寄信通知您。

　　请好好享受剩下的学生生活，注意身体健康。

谨上

记

1. 提交资料	入社承诺书
	毕业证明书（*）
	成绩证明书（*）
	誓约书
	身份证明
	健康诊断书
2. 提交时间	平成××年×月×日（必到）
（* 但是毕业证明书和成绩证明书可以延长至3月20日前到）	

如有不明事宜，请随时联系。

本次招聘的联系人　人事部：小西

联系电话：123-4567

——小丸子落选，小新如愿被录用

应届毕业生小丸子小姐	平成 ×× 年 × 月 × 日
	东井商社
	人事部　小西
未录取通知书	
敬启	

敬启

　　非常感谢您本次应聘敝公司。

　　经过慎重地层层选拔，真的非常遗憾这次没有达到您预想的结果。

　　本次应聘我公司的人比预想的多很多，这是我公司经过深思熟虑所做的决定。

　　另外，前些天您提交给我公司的应聘资料随信附上，返还给您。请查收。

　　最后，衷心祝愿您身体健康。

谨上

会話

新ちゃんは丸ちゃんを慰めています

小新在安慰小丸子

新ちゃん： 気落ちするなよ。他の会社に応募すれば？

丸ちゃん： 元々新ちゃんと同じ会社に勤めたいのになあ。

新ちゃん： いったい何の問題かなあ？失敗経験を纏めてね。失敗は
　　　　　　成功の基。

丸ちゃん： えっ？失敗は成功の基？失敗は成功の母という意味？

新ちゃん： そうだよ。

丸ちゃん：日本でもこんな諺があるの？

新ちゃん：あるよ。丸ちゃんの今の様子はさ、「青菜に塩」だよ。

丸ちゃん：えっ？どういう意味？

新ちゃん：がっかりして、気を落とすってのこと。さっき言ったよなあ。一体何の問題か、失敗経験は何か、ちゃんと纏めれば、「石の上にも三年」だよ。

丸ちゃん：また諺？教えてよ。

新ちゃん：辛抱すれば、必ず成功するという意味。

丸ちゃん：なるほど。面白いわ。もっともっと教えて。

新ちゃん：ダメ。「青は藍より出でて藍より青し」はダメ。

丸ちゃん：あっ！これを私が分かってるよ。弟子は先生より優れることかなあ？

新ちゃん：さすが丸ちゃん。

——小丸子落选，小新如愿被录用

小新：　不要沮丧。再试试应聘其他的公司怎么样？

小丸子：我本来想和小新在一家公司工作的，可是……

小新：　到底是什么问题呢？总结一下失败的经验。失败是成功的根基。

小丸子：啊？失败是成功的根基？是失败是成功之母的意思吗？

小新：　是的。

小丸子：日本也有这样的谚语啊？

小新：　有啊，小丸子现在的样子啊，就可以说是"在青菜里加盐"。

小丸子：啊？什么意思？

小新：　就是垂头丧气的意思。刚才说了吧。如果好好地总结到底是什么问题、失败的经验是什么的话，就可以"石头上面三年"了。

小丸子：又是谚语？告诉我意思吧。

小新：　也就是"功到自然成"的意思。

小丸子：原来是这样。有意思。再多告诉我一些吧。

小新：　不可以，不可以"青出于蓝胜于蓝"。

小丸子：啊！这个我知道啊。就是徒弟比师父优秀的意思吧？

小新：　不愧是小丸子啊。

小丸子的日语词汇百宝箱

1. **慎重（しんちょう）**　慎重、小心谨慎、谨慎认真

2. **選考（せんこう）**　选拔、遴选

3. 重ねる（かさねる） 反复、重复、摞起来、堆起来、追加

4. 苦慮（くりょ） 苦思、焦虑

5. 末筆（まっぴつ） （最后）顺祝，一般用于书信等的书面语

6. 健勝（けんしょう） 健康、健壮

7. 慰める（なぐさめる） 安慰、宽慰

8. 気落ち（きおち） 失望、泄气、沮丧

9. 諺（ことわざ） 谚语

10. 優れる（すぐれる） 优秀、卓越

11. 失敗は成功の基（しっぱいはせいこうのもと） 失败乃成功之母

12. 青菜に塩（あおなにしお） 垂头丧气

13. 石の上にも三年（いしのうえにもさんねん） 功到自然成

14. 青は藍より出でて藍より青し（あおはあいよりいでてあいよりあおし） 青出于蓝胜于蓝

小丸子的日语文法百宝箱

1. ～結果

意义 结果、由于

接续 名词＋の＋結果

动词た形＋結果

❀ **慎重に選考を重ねました結果、まことに残念ながら今回についてはご期待に添えない結果となりました。**

经过慎重地层层选拔，真的非常遗憾这次没有达到您预想的结果。

❀ 調べた結果、私が間違っていることが分かりました。

调查的结果是我知道我错了。

❀ 投票の結果、社長には大山さんが選出されました。

投票的结果是大山先生被选为社长。

2. ～申しあげます

意義 说、讲、申诉。「言う」的谦语

接続 接在带「お」「ご」的动词连用形或者具有动词含义的体言之后

❀ **末筆ではございますが、貴殿のご健勝をお祈り申し上げます。**

最后，衷心祝愿您身体健康。

❀ 一言お祝い申しあげます。

说一句祝词。

❀ ご遠慮申しあげます。

那我就不说了。

小丸子的 每日一练

利用课中学习的单词完成下列句子：

1. 軽率ではなく、_____にご意見を提出してください。

2. 交渉を_____、この取引先と契約することとなりました。

3. 今年の経営戦略対策を_____しております。

4. 一日の会議がやっと終わった。好きな音楽を聞こう。それが心を_____。

5. 宝永さんは_____技能を持ってますんで、エリートだと言い過ぎではない。

6. 皆さんの努力の_____、今月の売り上げはアップされました。

7. 今回大変ご迷惑をおかけし、お詫びを_____。

答案

1. 慎重	2. 重ねて	3. 苦慮
4. 慰められる	5. 優れた	6. 結果
7. 申しあげます		

小丸子 的 职场经

在中国，录取的时候一般通过打电话或者发邮件通知大家，不录取的情况下通常不做通知或者只是电话或者短信通知。但是日本不是这样的，小丸子从这次的没有被录用的情况知道了这件事情。虽然没被录取，但是还是学习到了一些习俗。可以和大家分享一下。

因为应聘者都希望能够早点得到是否被录用的通知，所以公司一般会在一周之内通知应聘者结果。一般都是通过邮寄的方式通知的。另外还随信附带一些需要提交给公司的资料，就像文中小新的那封信一样。小丸子就没有那么幸运了。在中国也需要提供这些东西，但是一般情况下是入社的时候提交给人事部的，还是略微有些不同的。

第6课

塞翁失马

——小丸子意外成为派遣公司的员工

会話1 丸ちゃんと新ちゃんは派遣会社について話しています

小丸子和小新在讨论派遣公司

新ちゃん： 丸ちゃんはこの2、3日応募したの？

丸ちゃん： ううん、全然。入りたい会社がほとんどないんだけど。

新ちゃん： そうか。じゃあ、派遣会社などに挑戦すれば？

丸ちゃん： 派遣会社って？

新ちゃん： 派遣会社とは派遣社員として別の働くところを紹介してくれるところで、派遣社員は働く会社とじゃなくて、派遣会社と契約を結んで、給与も派遣会社からもらうことになります。働く場所は派遣会社が紹介してくれたところで働くことになって、上司もそこの紹介してくれた会社の方になるんだ。

——小丸子意外成为派遣公司的员工

丸ちゃん：あっ、そう。仲介みたいな会社かなあ。

新ちゃん：そうなんだよ。もちろん、このような会社はよい点と悪い点があるんだけど、これは就職の一つの方法だと思うんだ。

丸ちゃん：えっ。ていうことは、いい点と悪い点は何が？

新ちゃん：じゃあ、先にいい点を言うよ。私たちは若もんでしょ？一つだけの会社に縛られたくないんで、いろんな会社を経験したいでしょ？そりゃ、派遣会社を選んだほうがいいんだ。あとはさ、一般的な会社では、サービス残業が多いんだけど、派遣社員なら、残業代はちゃんともらえるよ。それに、応募手続きはさ、派遣会社がやってもらえるんで、面倒くさいことじゃないからね。

丸ちゃん：いいわね。悪い点は何でしょ？

新ちゃん：（笑）丸ちゃんはボーナスがほしいの？

丸ちゃん：もちろんでしょ？

新ちゃん：悪い点の一番目はボーナスがないこと。後は、契約期間が終わると、もし次の仕事が見つからなければ、無職状態になるんだよ。給料もないし、ボーナスもないし。生活は難しいね。

丸ちゃん：派遣社員から正社員になれる可能性があるの？

新ちゃん：もちろん。できるわよ。

丸ちゃん：そしゃ、問題ない。じゃあ、派遣社員になりたいなら、どうしたらいいでしょ？

新ちゃん：今はいろんな派遣会社があるのよ。流れは大体一緒やね。まずはインターネットで仮登録して、派遣会社へ本登録しに行って、希望職種、希望給与、希望勤務期間などの条件を派遣会社担当者といろいろ話して、派遣会社から、丸ちゃんの条件に合う会社と仕事を紹介してあげて、受けるか、断るかを派遣会社に返事という流れ。応募手続きなどは全部派遣会社がやってもらえるよ。

丸ちゃん：保険とかは？

新ちゃん：各種保険は働いている会社ではなくて、派遣会社が入れる。契約を結ぶ相手は派遣会社じゃないですか。

丸ちゃん：なるほど。じゃ、挑戦してみるわ。

小新： 小丸子最近两三天应聘了吗？

小丸子： 没有，完全没有。没有想进的公司。

小新： 这样啊。那么，要是挑战一下派遣公司之类的呢？

小丸子： 什么是派遣公司？

小新： 派遣公司就是把派遣员工介绍到别的工作地点工作。派遣员工不是和工作的公司签订合同，而是和派遣公司签订合同，工资也是由派遣公司发。工作的地点就是派遣公司给介绍的公司，上司也是介绍的公司的上司。

小丸子： 啊，这样啊。就是类似于中介公司吧。

小新： 是的。当然，虽然这样的公司有好的地方和不好的地方，但是这也是就业的一种方法。

小丸子： 哦，那么好处和坏处是什么呢？

小新： 那么，先说好处吧。我们还年轻吧？我们不想被一家公司束缚，想多经历不同的公司吧？那样的话，选择派遣公司就很好。另外呢，一般的公司啊，免费加班的情况比较多，但是若是派遣员工的话，就可以拿到加班费。而且，应聘手续什么的，派遣公司都可以帮着做，一点也不麻烦。

小丸子： 很好啊，那缺点呢？

小新： （笑）小丸子想要奖金吗？

小丸子： 当然啊。

小新： 第一个缺点就是没有奖金。另外，合同期结束了，如果没有找到下一份工作的话，就处在失业状态了。没有工资，没有奖金，生活就很困难了吧。

小丸子: 派遣员工有可以转成正式员工的可能吗？

小新: 当然可以啊。

小丸子: 那没有问题。那么，如果想成为派遣员工的话，要怎么做呢？

小新: 现在有很多派遣公司。流程大致都是一样的。首先在网上临时注册，然后到派遣公司去实际注册。和派遣公司的负责人谈谈希望的工种、希望的薪水、希望的工作期限等条件。然后派遣公司会根据小丸子的条件介绍合适的公司和工作给你。你告诉派遣公司是接受还是拒绝，就是这样的流程。应聘手续等等都是派遣公司帮着办了。

小丸子: 那保险什么的呢？

小新: 各种保险不是工作的公司帮着交，而是派遣公司给你交。和你签合同的不是派遣公司嘛。

小丸子: 原来如此啊。那么，我试着挑战一下。

会話2 派遣会社で、丸ちゃんは担当者と話しています

在派遣公司，小丸子和负责人在谈话

丸ちゃん: 先日インターネットで仮登録した丸と申しますが。本日15時の打ち合わせの予約をさせていただきました。すみませんが、ちょっと早かったですが。

受付員：丸さんですね。そちらで、少々お待ちください。ご連絡いたします。それに、この履歴書に必要事項をお書きください。

（15分間後）

受付員：丸さん、こちらへどうぞ。担当者の中村がお待ちしております。

中村：丸さんですね。担当者の中村と申します。どうぞお座りください。

丸ちゃん：失礼いたします。

中村：丸さんの履歴書を見たんですね。4月の新卒者ですね。商社に入りたいですね。前には何の会社に応募したことがありますか。

丸ちゃん：そうですね。正直というと、前日東井商社の面接を受けたんですけど、失敗に終わりました。失敗原因とかが分からなくて、多分私より優れた人材が採用されましたかもしれませんね。今後は東井商社と同じレベルの会社に入りたいんですが、難しいかなあと思いますので、中村さんといろいろ話したいです。アドバイスをいただければ助かります。

中村：そうですね。東井会社ですね。それでは、何の部門を応募しましたか。

丸ちゃん：海外事業部です。

中村　：そうですね。エリートが集まっている部門ですね。丸さんの専門は日本語ですね。

丸ちゃん：はい。そうですね。

中村　：他の得意の分野とかがありますか。

丸ちゃん：そうですね。特にないですね。日本語、英語、中国語だけですね。

中村　：それは原因だと思います。エリートが集まっている海外事業部では語学だけなら無理ですね。他の分野の知識とかを把握しなければならないと思いますね。たとえば、経済、法律、政治などですね。

丸ちゃん：なるほど。しかし、どうしても東井商社に入りたいんですが。

中村　：えっ？ちょっと失礼だと思いますが、何か特別な原因がありますか。

丸ちゃん：恥ずかしいですが、彼氏が東井商社の社員になりますので、一緒に働きたいです。

中村　：そうですか。いいですね。じゃあ、丸さんは秘書の仕事に興味がありますか。丸さんの得意なことを見ると、秘書関連の仕事をお勧めです。ちょうど東井商社の秘書課は今応募中ですので、どうですか。

丸ちゃん：中村さんの言ったとおりですね。私はできるのは語学だけですね。秘書なら、語学で十分ですか。

中村 ：そうですね。多分無理ですね。秘書関連の知識なども把握必要ですが、これは難しくないことですから、未経験の新卒者でも大丈夫ですので、お勧めです。もし丸さんは一応挑戦してみたいなれば、こちらでは推薦状などの応募手続きを作成しますから、ご安心ください。

丸ちゃん：ええ。それでは、お願いいたします。

中村 ：もし東井商社から連絡がありましたら、こちらからお知らせいたします。面接の準備とかをよくよくしてくださいね。それでは、今日の打ち合わせはこれで終わります。

丸ちゃん：はい、よろしくお願いいたします。

　　小丸子：我是前两天在网站上临时注册的小丸子。我约了今天15点的面谈。不好意思，我来的有些早。

　　接待员：丸子小姐是吧？请先在那稍等一下。我这就联系一下。然后请在这个简历上写上必填事项。

（15分钟后）

　　接待员：丸子小姐，这边请。负责人中村在等您。

　　中村：丸子小姐是吧。我是负责人中村。请坐。

　　小丸子：谢谢。

　　中村：我看了丸子小姐的简历。是4月的应届毕业生啊。想进商社是吧？以前应聘过什么公司吗？

　　小丸子：嗯。说实话，前几天参加了东井商社的面试，但是失败了。失败的原因不是很清楚。可能是录取了比我优

秀的人才吧。今后想进入和东井商社同级别的公司工
作。不知道是不是很困难，所以想和中村先生谈谈。
能给我一些建议的话就很帮忙了。

中村： 嗯。东井商社啊。那之前应聘的是什么部门呢？

小丸子： 海外事业部。

中村： 哦。是聚集了精英的部门啊。丸子小姐的专业是日
语吧。

小丸子： 是的。

中村： 有其他的比较擅长的地方吗？

小丸子： 嗯。没有特别的，就是会日语、英语和汉语。

中村： 我觉得这个就是原因。在聚集了精英的海外事业部的
话只会语言是不可以的。我认为也要必须掌握其他领
域的知识。比如说经济啊、法律啊、政治啊等等。

小丸子： 这样啊。但是无论如何我都想要进入东井商社。

中村： 啊？可能有些失礼，有什么特别的原因吗？

小丸子： 有点不好意思，我的男朋友就要成为东井商社的员
工了，我想和他一起工作。

中村： 这样啊。很好啊。那么，丸子小姐对秘书相关的工
作感兴趣吗？从丸子小姐比较擅长的领域来看，我
推荐和秘书相关的工作。正好，东井商社的秘书科
现在正在招聘，丸子小姐觉得怎么样？

小丸子： 确实如中村先生所说。我只会语言啊。秘书的话，
只会语言就可以了吗？

中村： 嗯，大概也不可以吧。秘书相关的知识还是要掌握
的，但是这个不是很难的事情，我觉得没有经验的

应届毕业生也是可以的，所以我推荐给您。如果丸子小姐想要挑战一下的话，我们就写推荐信之类的帮您做应聘手续，请放心好了。

小丸子：　好的。那么就拜托了。

中村：　如果东井商社和我们联系的话，我们会通知您的。请好好地做好面试的准备。那么今天的商谈就到这里。

小丸子：　好的。拜托了。

小丸子的日语词汇百宝箱

1. **塞翁（さいおう）**　塞翁
   > 惯用　**人間万事、塞翁が馬**：塞翁失马，焉知非福

2. **派遣（はけん）**　派遣

3. **契約（けいやく）**　契约、合同

4. **仲介（ちゅうかい）**　居间调停

5. **縛る（しばる）**　束缚、限制自由、绑

6. **サービス**　招待、服务

7. **無職（むしょく）**　无职业、无固定职业

8. **手続き（てつづき）**　手续、程度、条例、规章

9. **仮（かり）**　临时、暂时、不是正式的

10. **打ち合わせ（うちあわせ）**　商量、碰头、商洽、商议

11. **エリート**　精英、尖子

小丸子的日语文法百宝箱

1. ～ず

意义 不……、没……

接续 动词「ない」形，将「ない」变成「ず」

❀ **丸ちゃんは思いかけずに派遣会社社員になりました。**

　　小丸子意想不到地成为了派遣公司的员工。

❀ 仕事を途中であきらめず、最後まで頑張ってください。

　　工作请不要中途放弃，请努力到最后。

❀ 出発前日までホテル予約を取れず、心配させられた。

　　直到出发的前一天还没有预订上旅馆，真叫人担心。

小丸子的每日一练

利用课中学习的单词完成下列句子：

1. ABC株式会社との_____期間はいつまでですか。

2. この仕事に_____ため、自分の時間がほとんどないです。

3. 学校を卒業してから、ずっと働かないで、_____状態です。

4. 退社_____はどれぐらいかかりますか。来週月曜日に海外へ行くんですが。

5. 取引先との_____は来月の15日となります。

6. この会社にはたくさんの_____が集まっています。

7. 杉本さんは何も言わ_____に、会社をやめました。

答案

1. 契約　　2. 縛されている　　3. 無職

4. 手続き　　5. 打ち合わせ　　6. エリート

7. ず

小丸子 的 职场经

　　小丸子成功地当上了派遣员工，有可能再次得到东井商社的面试机会，为了和小新一起工作，真是让人煞费苦心啊。在日本这种派遣公司和派遣员工是很普遍的现象。其实在中国也是有很多这样的公司的，类似于人才中介一样的公司，比如说FESCO、中智等等。在日本，比较有名的派遣公司有这样几个：リクルート、パソナーキャリア、ネクストキャリア、日本マンパワー等公司。主要的工作形式、合同形式等等小新已经介绍给大家了，这里就不再多说了。希望能够对大家有所帮助，那么，小丸子也不枉此行啦。

第 7 课

命运啊
——小丸子作为派遣员工
进入小新的公司啦

会話1 丸ちゃんは派遣会社の中村さんと話しています

小丸子和派遣公司的中村在谈话

中村　：派遣会社の中村と申しますが、丸さんの携帯でございますか。

丸ちゃん：お世話になっております。丸です。

中村　：おめでとうございます。先日の東井商社の面接の件ですが、成功しました。おめでとうございます。

丸ちゃん：本当ですか。おかげさまで、本当にうれしいです。ありがとうございます。

中村　：それでは、明日の9：30にご都合はいかがでしょうか。入社手続き必要ですが、もしよろしければ、こちらへ来ていただければ幸いです。

丸ちゃん：はい、了解いたしました。それでは、明日の9：30にうかがいます。確認させていただきたいんですが、何か資料とかが待って行かなければならないですか。

中村　：いいえ。打ち合わせをされた時に持っていただいた資料で十分でございます。契約の説明と本人のサインだけです。後は3月25日には東井商社ビル1008室で新入社員オリエンテーションを行いますので、ぜひご参加ください。具体的な内容はあう時、お話しましょう。

丸ちゃん：はい、了解いたしました。ありがとうございました。

中村：　我是派遣公司的中村，请问是丸子小姐的手机吗？

小丸子：您好，我是小丸子。

中村：　恭喜您。前几天东井商社面试那件事成功了，恭喜您。

小丸子：真的吗？托您的福，真的非常高兴。谢谢。

中村：　那么，您明天早上9：30方便吗？需要办入社手续。如果可以的话，可以到我这儿来一下吗？

小丸子：好的，了解了。那么，我明天9：30过去。想确认一下，需要带什么资料过去吗？

中村：　不用。我们商谈时您带来的资料已经够了。只需要对合同做一下说明和本人的签名。另外，3月25日在东井商社大厦的1008室有新人培训，请一定要参加。具体内容我们见面的时候再说吧。

小丸子：好的。知道了。非常感谢。

文章2

新入社員研修説明会現場

新员工培训说明会现场

新人の皆さん：

　今回の研修説明会にご参加いただき、真にありがとうございました。今回の担当者小西と申します。本研修は東井商社の会社概要、就職規則、社会人としてのマナーや常識、働く意味などをご説明させていただきます。資料をこちらで用意いたしましたので、今から皆さんに配らせていただきます。手に入れましたら、どうぞお読みいただきたいと思っております。30分後に、私より詳しくご説明させていただきます。

　　　各位新员工：

　　　　非常感谢大家参加这次的培训说明会。我是这次的负责人小西。这次的研修主要是向大家说明一下公司概要、就业规则、作为社会人的礼仪和常识、工作的意义等等。我准备了资料，现在就发给大家。拿到手后，请大家认真阅读。30分钟后，我会详细地给大家说明。

会话3 丸ちゃんと新ちゃんは資料を読みながら、話しています

小丸子和小新一边看资料一边说话

丸ちゃん：ねえ、新ちゃん。これって何だと？社内恋愛禁止？

新ちゃん：そうだよ。日本ではこういう会社が少なくないんだ。

丸ちゃん：なんで？なんで？なんでこういう規則があるのよ？私たちはどうしよう？

新ちゃん：そうだね。一番重要な原因はさ、「仕事に支障をきたす」であるはずかなあ。仕事には私情を挟むなら、正常的な仕事ができないかもね。二人の行為なども他の従業員の不快感を起こして、仕事に集中できないかもね。想像してみてな。もし、私たちは毎朝ラブラブで一緒に出勤すれば、親密な行為があれば、他の同僚の感じはどうなってるかなあ？もしも、もしもよ。万が一、僕が丸ちゃんと喧嘩したら、必ず仕事に集中できないでしょ？自分の気持ちがよくないんで、ミスを犯しやすいでしょ？同じ会社で、同じビルで、丸ちゃんと会えるでしょ？会ったらどうしよう？多分会社はこれを考えて、この規則があると思うんだね。

丸ちゃん：じゃあ。私たちはどうしよう？

新ちゃん：まずはね、内緒で恋愛しよう。

小丸子：　喂，小新。这里写的是什么？公司内部禁止谈恋爱？

小新：　　是啊。在日本这样的公司可不少呢。

小丸子：　为什么？为什么？为什么会有这样的规定呢？我们怎么办呢？

小新：　　嗯。最重要的原因应该就是"会影响工作"吧。如果将私人感情带到工作中的话，可能就不能正常地工作吧。也许两个人的行为等会引起其他员工的不快，不能集中精神工作。试想一下，如果我们两个每天早上非常甜蜜地一起上班，有亲密的举动的话，别的同事会是什么感觉呢？如果，我是说如果啊。万一我和小丸子吵架的话，一定不能集中精力

——小丸子作为派遣员工进入小新的公司啦

工作吧？自己的心情也不好，很容易犯错误吧？在同一家公司、同一个大楼里肯定会见到小丸子吧？如果见面了怎么办呢？我觉得可能就是考虑到这点，公司才制定了这个规定的。

小丸子：　那我们怎么办呢？

小新：　　首先，我们就先秘密地恋爱吧。

小丸子的日语词汇百宝箱

1. オリエンテーション　定位定向、确定道路、新员工培训
2. 研修（けんしゅう）　进修、培训、钻研、研究
3. 用意（ようい）　小心、注意、预备、准备
4. 配る（くばる）　分配、分给、多方注意、多方留神
5. 挟む（はさむ）　插入、夹住、隔
6. 支障（ししょう）　阻碍、障碍

小丸子的日语文法百宝箱

～ていただければ幸いです

意义　如果能……最好了

接续　动词て形＋いただければ幸いです

❀　**こちらへ来ていただければ幸いです。**

如果能到我这儿来一下最好了。

❀ 見積書を提出させていただきましたので、ご確認していただければ幸いです。

我已经提交了报价书，如果您能确认一下最好了。

❀ 工事が完了し次第、教えていただければ幸いです。

工程已完成，如果能告诉我一下最好了。

小丸子的每日一练

利用课中学习的单词完成下列句子：

1. 入社してから＿＿＿＿＿がありますので、どうぞご参加ください。

2. 入社手続き資料なんですが、全部本人が＿＿＿＿＿しなければならないです。

3. 説明会を開始する前に、これらの資料を皆さんへ＿＿＿＿＿ください。

4. 仕事には個人的な感情を＿＿＿＿＿のは禁止。

5. 来週1日から5日までの5日間、私は東京本社へ＿＿＿＿＿に行ってきます。

6. この機械のボタンを押すな。工事に＿＿＿＿＿をきたすことができるから。

答案

1. オリエンテーション	2. 用意	3. 配って
4. 挟む	5. 研修	6. 支障

小丸子 的 职场经

　　小新和小丸子要开始地下情了，这个事情虽然不光彩，存在着欺骗行为，但是他们也不愿意啊。在日本，禁止公司内部谈恋爱的公司确实不在少数。主要也是怕影响工作，对其他员工造成不好的影响，从而影响了员工们的工作积极性。当然有些公司是允许公司内部恋爱的，但是一旦结婚的话，就一定要有一方离开公司。大多也都是从工作方面考虑的吧。

　　当然，在日本社会这也是大家热烈讨论的一个问题。一旦被发现在公司内部恋爱就要被开除，这到底符不符合劳动法等是大家比较关心的问题。当然大家的立场不一样，所持的态度自然也不同。具体是符合法律规定，还是违反法律规定，都是有待于研究的问题。

第8课

信心满满
——正式上班第一天

会話1　丸ちゃんは秘書課の皆さんと挨拶しています

小丸子和秘书科的各位打招呼

丸ちゃん：本日より海外統括海外事業部秘書課に配属になりました 丸と申しますが。

加藤課長：あっ、丸さんですね。待ってますよ。入社おめでとうご ざいます。じゃあ、皆さんに紹介しようと思いますので、 私についてきてくださいね。

丸ちゃん：はい。

加藤課長：皆さん、こちらは新人の丸さんです。今日から、我々秘 書課の一員になりますので、何かあったら、手伝ってく ださいね。じゃあ、丸さん、皆さんに挨拶してくださいね。

丸ちゃん：はい。はじめまして。今日から、秘書課の皆さんと一緒

働き始まる丸と申します。卒業したばかりで、新卒者の私はまだ分からないことが山ほどあると思います。これから、皆さんにもご迷惑をおかけいたしますかもしれませんが、ぜひどうぞよろしくお願いいたします。私は必ず一生懸命頑張りたいと思います。

加藤課長： じゃあ、丸さん。自分の席に戻りなさい。

辻野　： 辻野と申します。よろしくお願いいたします。丸さんの席はここで、私の隣です。何か分からないことがあったら、私まで何でも聞いてくださいね。

丸ちゃん： はい、ありがとうございます。

辻野　： いいえ。これは今日の会議資料です。よく読んでくださいね。

丸ちゃん： はい、分かりました。よろしくお願いいたします。

小丸子：　我是从今天开始被分配到海外统括海外事业部秘书科工作的小丸子。

加藤科长：啊，丸子小姐啊。等你来呢。恭喜你加入我们公司。那么，我想把你介绍给大家，请跟我来。

小丸子：　好的。

加藤科长：大家（注意了），这是新来的员工丸子小姐。从今天开始就是我们秘书科的一员了。有什么（事）的话，都请多帮忙。那么，丸子小姐，请和大家打个招呼吧。

小丸子: 好的。初次见面。我是从今天开始和秘书科的各位一起工作的小丸子。刚刚毕业，作为应届毕业生的我，还有很多不懂的地方，从现在开始，可能要给大家添很多麻烦了，还请大家一定多多关照。我自己一定会非常努力的。

加藤科长: 那么，丸子小姐。请回到自己的座位上吧。

辻野: 我叫辻野，请多关照。丸子小姐的座位在这儿，我的旁边。有什么不明白的地方，就请问我吧。

小丸子: 好的。谢谢。

辻野: 不用客气。这是今天会议的资料。请好好地阅读一下。

小丸子: 好的，明白了。拜托了。

会話2

丸ちゃんは他の部門に紹介されています

小丸子被介绍给其他部门

加藤 : 丸さん、今日の午前中の仕事はどうでしたか。

丸ちゃん: そうですね。まだ分からないことがいっぱいありますね。

加藤 : 心配なく、ごゆっくり学んでくださいね。じゃあ、今から私はちょっと時間があるんで、他の部門の同僚に紹介したいと思いますが。

丸ちゃん: はい、よろしくお願いします。

加藤 ：西川課長、お疲れ様です。ちょっとご挨拶しようと思って、
　　　うちに入りました丸です。

丸ちゃん：始めまして。丸と申します。よろしくお願いいたします。
　　　（名刺を渡す）

西川 ：あっ、どうも。経営1課の西川です。これからも秘書課
　　　にいろいろ協力してほしいことがいっぱいあるんで、よ
　　　ろしくなあ。（名刺を渡す）

丸ちゃん：こちらこそよろしくお願いいたします。

西川 ：丸さんの日本語はどこで？上手ですね。

丸ちゃん：いいえ、そんなことがないです。日本で留学したとき勉
　　　強したのです。全然上手ではありませんので、もし何か
　　　失礼なことがありましたら、どうぞご理解いただければ
　　　と思います。

西川 ：いや、たいしたことないんだなあ。おい。丸さんと挨拶
　　　してなあ。

佐藤 ：経営1課の佐藤と申します。どうぞよろしくお願いいた
　　　します。

杉原 ：経営1課の杉原と申します。どうぞよろしくお願いいた
　　　します。

丸ちゃん：こちらこそ、どうぞよろしくお願いいたします。

加藤： 丸子小姐，今天上午的工作怎么样啊？

小丸子：嗯，不明白的地方还有很多啊。

加藤： 不要担心，请慢慢学习。那么，我现在有点时间，想把你介绍给其他部门的同事们。

小丸子：好的，拜托您了。

加藤： 西川科长，辛苦了。想跟您打声招呼，这是刚到我们科的丸子。

小丸子：初次见面，我叫丸子。请多多关照。（递上名片）

西川： 啊，你好。我是经营一科的西川。从今以后还有很多需要秘书科多多帮助的事情啊，拜托了。（递上名片）

小丸子：也请您多多关照。

西川： 丸子小姐的日语是在哪里学习的啊？很棒啊。

小丸子：没有，没有那回事。是在日本留学的时候学习的。还是不怎么擅长啊，要是有什么失礼的地方，还请您多多理解。

西川： 不，不是什么大不了的事啊。喂，你们都和丸子小
姐打个招呼。

佐藤： 我是经营一科的佐藤，请多多关照。

杉原： 我是经营一科的杉原，请多多关照。

小丸子： 也请你们多多关照。

会話3

丸ちゃんは辻野さんと話しています

小丸子在和辻野谈话

辻野 ：丸さん。

丸ちゃん：はい。

辻野 ：あのうさ。丸ちゃんって呼んでもいい？

丸ちゃん：いいわよ。先輩は何か？

辻野 ：先輩ってやめてよ。明日香って呼んでくれてもいいわよ。
これは明日の経営1課の会議資料です。その中にたくさ
んの中国語があるんで、私が打ったら、明日の会議に間
に合わないかも。丸ちゃんなら、必ず問題ないと思って、
これを1行おきに打ってもらえます？

丸ちゃん：1行おきにいいですね。分かりました。

辻野 ：打ち終わったら、A4用紙で15部コピーしてください。

丸ちゃん：片面コピーですか。両面コピーですか。カラーコピー必要ですか。すみませんが、疑問がいっぱい、いっぱいで。

辻野　　：いいえ、全然。これは重要な会議資料で、カラー、片面コピーしてくださいね。

丸ちゃん：はい、分かりました。

辻野　　：コピー機に使い方を知ってる？もし知らなかったら、いつでも聞いてね。午後3時前にできる？丸ちゃんが始めてしたもので、私もチェックする必要があるんで。

丸ちゃん：はい、頑張ります。

辻野　　：よろしくね。

（午後2時40分）

丸ちゃん：明日香。完了できました。チェックしてくださいね。

辻野　　：さすが丸ちゃん。見せて。うん。そうですね。字はちょっと大きすぎるかなあ。

丸ちゃん：すみません。

辻野　　：いいえ。丸ちゃんのせいじゃなくて、私が先に言わなかったから。大丈夫だよ。MS GOTHIC 11号字に変更して、やり直したら結構で。

丸ちゃん：すみません。迷惑を掛けました。

辻野　　：いいえ、全然。初めてですから、もうすごいじゃん。

辻野：　丸子小姐。

小丸子：在的。

辻野：　那个。叫你小丸子可以吗？

小丸子：可以啊。前辈有什么事情吗？

辻野：　不要叫前辈啦。叫我明日香就可以了。这个是明天经营一科的会议资料。里面有很多汉语，如果我打的话可能赶不上明天的会议了。如果是小丸子的话，我觉得肯定没有问题。这个能帮我隔行打一份吗？

小丸子：隔行就可以了吧？知道了。

辻野：　打完了以后，用A4纸复印15份。

小丸子：单面复印还是双面复印？需要彩色复印吗？不好意思，我有这么多疑问。

辻野：　没事，没关系。这个是重要的会议资料，所以请使用彩色单面打印。

小丸子：好的，知道了。

辻野：　复印机的使用方法知道吗？如果不知道的话，随时问我啊。下午三点前可以完成吗？因为这是小丸子第一次做的工作，我需要确认一下。

小丸子：好的，我会努力的。

辻野：　拜托了。

（下午2:40）

小丸子：明日香，我完成了。请确认一下吧。

辻野： 真不愧是小丸子啊。让我看看。嗯，这个嘛。字号有点太大了。

小丸子： 不好意思。

辻野： 没关系。不是小丸子的问题，是我事先没说。没关系的。把字体变成MS GOTHIC 11号字再重新做一遍吧。

小丸子： 不好意思。给你添麻烦了。

辻野： 不，完全没关系。第一次做这个事情已经很了不起了。

小丸子的日语词汇百宝箱

1. **自信満々（じしんまんまん）** 自信满满、充满自信

2. **配属（はいぞく）** 分配、配属

3. **山ほど（やまほど）** 许多、堆积如山

4. **一生懸命（いっしょうけんめい）** 努力、拼命、一心、专心

5. **1行おき（いっぎょうおき）** 隔一行

6. **片面（かためん）** 单面

7. **両面（りょうめん）** 双面

小丸子的日语**文法**百宝箱

1.～たばかり

意义 刚刚……

接续 动词た形＋ばかり

⚙ **卒業したばかりで、新卒者の私はまだ分からないことが山ほどあると思います。**

刚刚毕业，作为应届毕业生还有很多不懂的地方。

⚙ 出張から帰ったばかりで、こんなに多い仕事が頼まれてたまらないです。

刚出差回来就给我这么多工作，真受不了。

⚙ 叱られたばかりで、気持ちがよくないので、冗談止めてくれませんか。

我刚被批评完，心情非常不好，能不能不开玩笑？

2.～なさい

意义 表示一种命令。是带有敬意或郑重的命令

接续 动词连用形／サ变动词词干＋なさい

⚙ **自分の席に戻りなさい。**

回到自己的座位上。

⚙ ここで事務室ですので、遊ぶ場所ではない。さっさと仕事をしなさい。

这里是办公室，不是玩的地方。赶快去工作。

⚙ こんな無駄な企画案をやめなさい。

请放弃这样没用的企划案。

小丸子的每日一练

利用课中学习的单词完成下列句子：

1. 気落ちしないで、＿＿＿で会社に行ってください。うちの息子は最高だよ。

2. 松本さんは今日から総理オフィスに＿＿＿されたそうです。すごいですね。

3. 上司に認められるために、＿＿＿努力しなければならないです。出世したいですから。

4. この資料を2行おきではなくて、＿＿＿で打ち直ってください。

5. このコピー機は＿＿＿でも＿＿＿でもできますので、ご好きなようにコピーしてください。

6. 1ヶ月休みましたから、仕事は＿＿＿私を待っています。

7. 教育した＿＿＿で、なんでそんなに馬鹿なミスを犯したの？

8. なんでこのようなミスがあるのか。理由を言い＿＿＿。

答案

1. 自信満々	2. 配属	3. 一生懸命
4. 1行おき	5. 片面、両面	6. 山ほど
7. ばかり	8. なさい	

小丸子 的 职场经

　　今天小丸子刚被介绍给公司的同事们。虽然在日本有一段时间了，但是想要真正做到和日本人一样的礼仪真是很累人啊。比如今天小丸子的腰真是受苦了，鞠躬鞠了太多次。日本人第一次见面是不喜欢握手的，而是习惯鞠躬。今天小丸子就给大家介绍一下吧：

　　日本人鞠躬时，不同的角度表示不同的程度：

1. 礼节性最高的是90度鞠躬，表示特别地感谢、特别地道歉。

2. 45度鞠躬，一般用于初次见面的场合，也应用于饭店和商场的服务等。今天小丸子使用的就是45度鞠躬。

3. 30度鞠躬，用于平时一般地打招呼的场合。比如早上上班的时候遇到同事，使用30度的鞠躬就可以啦。当然，也可以用于关系比较好的朋友之间。

第9课 新入社员欢迎会
——感受异国企业文化

会話1

今朝、二人とも人事部の小西さんよりのメールが届いてました

今天早晨，两个人收到了人事部小西的邮件

海外統括関係各位		平成××年×月×日
		人事部　小西　美穂

歓迎会のご案内

　桜の蕾もほころび、今年もフレッシュな顔ぶれを迎える時期になりました。

　今年は下記の皆様が4月1日付けで入社されます。

　つきましては、新入社員の歓迎のために、下記の通り歓迎会を行います。

　ぜひご参加ください。

［新入社員の皆さん］　4月1日付

　　　　海外商品課　　新　様

　　　　海外経営1課　藤野　様

　　　　海外経営2課　宝永　様

　　　　秘書課　　　　丸　様

　出欠につきましては、別紙に書き込んでいただき、4月10日までに小西までご提出ください。

　以上ご協力よろしくお願い申し上げます。

記	
1.　日時：4月15日（金曜日）	19時〜
2.　場所：魚太郎居酒屋（食べ放題）	
3.　会費：	男性：3500円
	女性：3000円

恐れ入りますが、4月10日までに別紙にて出欠をお知らせください。

（なお、会費は後日集金します。よろしくお願いします。）

　　　　　　　　　　　　　　　　　　　　小西　美穂（内線123）

　　　　　　　　　　　　　平成××年×月×日

　　　　　　　　　　　　　人事部　小西　美穂

海外统括的各位同事	平成 × × 年 × 月 × 日
	人事部　小西　美穗

欢迎会的邀请

在这樱花盛开的时节，今年我们又迎来了一张张新的面孔。

今年有如下几位于 4 月 1 日进入我们公司。

所以，为了迎接新同事，我们举办如下的欢迎会。

请大家务必参加。

　　　　［新入社的同事］4 月 1 日入社

　　　　海外商品科　　　　　　小新先生

　　　　海外经营一科　　　　　藤野先生

　　　　海外经营二科　　　　　宝永先生

　　　　秘书科　　　　　　　　丸子小姐

如果不能出席的话，请在另附的纸上填写信息，4 月 10 日之前提交给小西。

以上多谢大家的合作。

记		
1.　时间：4 月 15 日（星期五）		19 点～
2.　地点：鱼太郎居酒屋（自助）		
3.　会费：		男：3500 日元
		女：3000 日元

（续表）

万一不能出席的话，请于 4 月 10 日前用另附的纸通知我。 （另外，会费以后向大家收取。拜托了。）	
	小西　美穂（内线 123）
	平成 × × 年 × 月 × 日 人事部　小西　美穂

会話2

歓迎会中

正在开欢迎会

高岡：皆さん、こんばんは。司会者の高岡です。新人歓迎会にご参加いただき、真にありがとうございます。それでは、東井商社海外統括新人の歓迎会を始めます。まずははじめに、海外統括の堀内統括長より一言ご挨拶いただきます。

堀内のスピーチ：

　新さん、藤野さん、宝永さん、丸さん、入社おめでとうございます。今日は、海外統括を代表して、皆さんを迎えることができて、本当に嬉しく思います。

　　当社は過去 79 年間に、絶え間なく、だんだん一つ一つの奇跡を創造して、皆さんが新人研修で知ってたとおり、わが社は金属、雑貨、機械、燃料、銀行、保険などの分野も卓越した成績が出てきました。わが社は今年に創業 80 周年を迎えるきっかけに、君たちの新風を吹き込んでくれるのは本当にありがたいです。君たちの立派な考え、新しい発想、素晴らしい技能を借りて、海外統括さらに、わが社に新しい血液を注ぎ込むことを期待しています。私も君たちの時期を経験したことがあります。若いうちはとにかく飲み込みが速くて、何でも吸収できますので、柔軟にいろいろなことを学んでいってください。今日からは学生気分を捨てて、社会人として、わが社の顔として責任を持って、行動してください。まずは一日も早く職場に慣れ、思う存分、自分の力を発揮してください。もちろん、チームワークは大切なんですので、先輩であれ、後輩であれ、困った時も、分からない時も、皆さんと仲良くして、お互いに手伝われるのは私の希望です。

　　それでは、これから、一緒に頑張りましょう！

高岡：堀内統括長のスピーチ、ありがとうございました。これより、乾杯の音頭は佐々木部長にお願いしたいと思います。皆さんお手元のビールをご用意をお願いします。

佐々木：では、乾杯の音頭をとらせていただきます。新さん、藤野さん、宝永さん、丸さん、入社おめでとうございます。君たちの前途をお祝いして、乾杯しましょう。

皆さん：乾杯。

——感受异国企业文化

高冈：　大家晚上好。我是主持人高冈。非常感谢大家参加今天的新人欢迎会。那么，东井商社海外统括新人欢迎会现在开始。首先请海外统括的堀内统括长给大家讲话。

堀内的演讲：

　　小新先生、藤野先生、宝永先生、丸子小姐，恭喜加入我们公司。今天能代表海外统括欢迎大家，我感到非常高兴。

　　我公司在过去的79年中，不间断地渐渐地创造了一个又一个奇迹。就像大家在新人培训中学习到的一样，我们公司在金属、杂货、机械、燃料、银行、保险等领域都有了卓越的成绩。在今年，我公司迎来创社80周年之际，能够有你们的加入真的非常感谢。期待着你们充分利用自己优秀的想法、新的创意、了不起的技能为海外统括甚至是我们公司注入新鲜的血液。我也经历过你们这个时候。年轻的时候，理解快，什么都可以吸收，所以请灵活地学习各种各样的知识。从今天起，丢掉学生气，作为一名社会人，作为我们公司的一员，负责任地做每一件事情。首先希望你们能够早一天习惯职场，尽情地发挥自己的能力。当然，团队合作也是非常重要的，不管是前辈

还是后辈，在有困难的时候、不懂的时候，都要好好地和大家相处，互相帮助，这是我所期待的。

那么，从现在开始我们大家一起加油吧！

高冈： 非常感谢堀内统括长的讲话。那么，请佐佐木部长带领我们大家干杯吧。请大家准备好手边的啤酒。

佐佐木： 那么，我就带个头。小新先生、藤野先生、宝永先生、丸子小姐，恭喜你们加入到我们公司。为了你们的前途，我们干杯吧。

大家： 干杯。

会話3

飲み会で

吃饭中

丸ちゃん： このような歓迎会は始めてですが、嬉しいです。憧れている部門で仕事ができて、わくわくしていますね。これから、どうぞよろしくお願いいたします。

佐々木 ： 今日はざっくばらんに飲みましょう！じゃあ、丸さん、何がいい？

丸ちゃん： 私はビールでいいです。

新ちゃん： 僕も。

佐々木 ： 最近仕事が忙しくて、このように、みんなで集まって一緒に飲むのは久しぶりやなあ。

小西 ： 確かにそうですね。今回は新人の皆さんのおかげですね。

——感受异国企业文化

小丸子： 这样的欢迎会我还是第一次参加，真的非常高兴。

能够在自己憧憬的部门工作，有点兴奋啊。今后还

请大家多多关照啊。

佐佐木： 今天都不要拘束，尽情地喝吧！那么，小丸子想喝

点什么？

小丸子： 我喝啤酒。

小新： 我也是。

佐佐木： 最近工作太忙，大家好久没像这样聚在一起喝酒了。

小西： 确实是啊，这次托了我们各位新员工的福啊。

小丸子的日语词汇百宝箱

1. フレッシュ 新的、新鲜的

2. 行う（おこなう） 举行、举办

3. 出欠（しゅっけつ） 出席和缺席

4. 吹き込む（ふきこむ） 吹入、刮进、注入、灌输、教唆

5. 立派（りっぱ） 漂亮、出色、优秀

6. 注ぎ込む（そそぎこむ） 注入、倒入、灌入、倾注（财力）

7. チームワーク 团队合作

8. 手元（てもと） 手头、身边、手握的地方

9. 憧れる（あこがれる） 渴望、憧憬、爱慕

10. ざっくばらん 直率、直爽、直接

小丸子的日语文法百宝箱

～たことがある

意义　曾经做过……、曾经有过某种经历

接续　动词た形＋ことがある

✿ **私も君たちの時期を経験したことがあります。**

我也经历过你们这个时候。

✿ 韓国へ行くのは始めてです。前には行ったことがありません。

这是我第一次来韩国，以前都没有去过。

✿ こんな重要なことを忘れられたわけ？以前はそんなことをしたことがない。

这么重要的事情都忘了？以前从来没做过那样的事情。

小丸子的 每日一练

利用课中学习的单词完成下列句子：

1. 会社の食堂で毎日＿＿＿＿＿な野菜を食べられます。

2. 毎年の春にはわが社は取引先様と運動会を＿＿＿＿＿。

3. 後輩にはこんな間違えやすいことを＿＿＿＿＿でください。

4. 牧野みたいな＿＿＿＿＿な人材はわが部門に配属されたことを信じられないです。

5. 今回のプロジェクトにたくさんのお金と人材を＿＿＿＿＿。

6. 日本企業は個人的な能力より、＿＿＿＿＿がもっと重視しています。

7. _____には何か面白いものがありますか。説明会中はずっとそこを
みていますから。

8. 今回の出張先はフランスに決られています。私のずっと_____い
る国です。

答案

1. フレッシュ　　2. 行います　　3. 吹き込まない

4. 立派　　　　　5. 注ぎ込みました　6. チームワーク

7. 手元　　　　　8. 憧れて

小丸子 的 职场经

　　4月份算是日本新的一个年度的开始，入学、入社都是从4月1日算起。也正是这个东风把小丸子吹进了东井商社，感受到了不一样的企业氛围。

　　入学、入社仪式之后便是欢迎会了。走在日本的大街上、地铁口、汽车站、商场门口，有很多年轻人派发各种各样餐馆的广告，上面写着承办各种欢迎会。上面标有价格，还有各种各样五颜六色的料理图片，非常诱人。

　　欢迎会上大家就放得很开，和平时工作中的表现相差很大，你一杯我一杯的，谈天说地，聊聊自己喜欢的、别人感兴趣的事，以此增进了解，增进同事之间的感情。如果欢迎会后还没有尽兴的话，大家还会去第二家喝酒或者去唱歌。总之给人的感觉很放松。

第10课

商务日语
——电话对答流畅无阻

会話1　丸ちゃんは小西さんと電話しています

小丸子和小西正在打电话

丸ちゃん：お電話ありがとうございます。東井商社秘書課でございます。

小西　：人事課の小西ですが、丸さんがいらっしゃいますか。

丸ちゃん：お疲れ様です。私が丸ですが。

小西　：お疲れ様です。入社手続き資料ですが、丸さんの健康診断書をまだ提出しませんので、今週金曜日までに私のところまで、提出してもらえませんか。

丸ちゃん：本当にすみませんでした。午後に人事課へ伺う時、小西さんへ提出いたします。

小西　：ありがとうございます。ところで、加藤課長がいらっしゃいますか。

丸ちゃん：すみませんが、今経営１課との会議中です。

小西　　：そうですか。では、鈴木さんは？

丸ちゃん：すみませんが、鈴木さんは外出しておりますが。

小西　　：えっ、そうですか？何時ごろお戻りですか。

丸ちゃん：おそらく２時ごろには戻れるかと思っております。戻り次第、鈴木さんより折り返しお電話を差し上げます。

小西　　：ええ。ありがとうございます。それでは、お電話をお待ちしております。

丸ちゃん：ちなみに、加藤課長に何かご伝言とかがありますでしょうか。

小西　　：あっ、結構です。退勤する前に、私より再度電話をおかけいたしますので。

丸ちゃん：はい、了解いたしました。お電話ありがとうございました。

小丸子：感谢您的致电，这里是东井商社秘书科。

小西：我是人事科的小西，请问丸子小姐在吗？

小丸子：工作辛苦了。我是小丸子。

小西：工作辛苦了。有关入社手续资料的事情，丸子小姐的健康诊断书还没有提交。这个周五之前能够交到我这里吗？

小丸子：非常抱歉。下午我去人事科的时候交给小西您。

小西：非常感谢。另外，加藤科长在吗？

小丸子：不好意思。现在正在和经营一科开会。

小西：这样啊。那么，铃木先生在吗？

小丸子： 非常抱歉，铃木先生现在外出了。

小西： 啊，是吗？那大概几点能回来？

小丸子： 我想大概下午两点的时候能回来。一回来，就让铃木先生给您回电话。

小西： 好的，谢谢。那么，我等铃木先生的电话。

小丸子： 另外，有给加藤科长的留言吗？

小西： 啊，不用了。下班前，我再给加藤科长打电话。

小丸子： 好的，了解了。非常感谢您的来电。

丸ちゃんは電話しています

小丸子在接电话

丸ちゃん： お電話ありがとうございます。東井商社でございます。

川口　： 伊藤物流の川口と申しますが、西川部長をお願いいたします。

丸ちゃん： 申し訳ございませんが、あいにく、西川部長はただいま外出しております。

川口　： いつごろお帰りになりますか。

丸ちゃん： 申し訳ございませんが、いつ戻るかよく分かっておりませんが。

川口　： 困ったなあ。急用なんですけど。じゃあ、伝言をお願いできますでしょうか。

丸ちゃん：はい、どうぞ。

川口　　：例の納品の件ですが、納品可能日を至急連絡をお願いい
　　　　　たしますとお伝えください。

丸ちゃん：あのう、申し訳ございませんが、電波が悪かったですので、
　　　　　もう一度よろしくお願いいたします。

川口　　：はい、伊藤物流の川口と申しますが、例の納品の納品可
　　　　　能日を至急連絡をお願いいたしますとお伝えください。

丸ちゃん：かしこまりました。伊藤物流の川口様ですね。西川部長
　　　　　が戻り次第、納品可能日の件でご連絡させますので、少々
　　　　　お待ちいただければと思います。お電話番号はこの固定
　　　　　電話で大丈夫ですね。

川口　　：急用の件ですので、私の携帯にご連絡ください。

丸ちゃん：はい、かしこまりました。では、お携帯番号をお伝えて
　　　　　いただけませんか。

川口　　：西川部長が知っているはずだと思いますが、187-123-
　　　　　200 でございます。

丸ちゃん：確認させていただきたいと思いますが、伊藤物流の川口
　　　　　様、お携帯番号は 187-123-200 ですね。

川口　　：はい、間違いないです。それでは、お願いいたします。

丸ちゃん：西山部長が戻り次第、お伝えさせていただきますので、
　　　　　どうぞご安心ください。

小丸子：感谢您的致电。这里是东井商社。

川口：　我是伊藤物流的川口，请帮我转接西川部长。

小丸子：不好意思，非常不巧西川部长现在外出了。

川口：　他大概什么时候能回来？

小丸子：非常抱歉，我也不清楚什么时候能回来。

川口：　怎么办呢。是很着急的事情。那么，能帮我留言吗？

小丸子：好的，请说。

川口：　上次说的交货的事情，请（让西川部长）火速告诉我可能交货的日期。

小丸子：那个，不好意思，信号有些不好，能请您再说一遍吗？

川口：　好的，我是伊藤物流的川口，上次说的交货的事情，请（让西川部长）火速和我联系一下可能交货的日子。

小丸子：明白了。伊藤物流的川口先生是吧。西川部长一回来，我就让他联系您有关可能交货的日期的事情，请稍等一会儿。电话号码就是这个固定电话号码就可以吗？

川口： 因为是着急的事情，所以请给我打手机吧。

小丸子： 好的，明白了。那么，能告诉我一下您的手机号码吗？

川口： 我想西川部长应该知道。是187–123–200。

小丸子： 请让我确认一下，伊藤物流的川口先生，手机号码
是187–123–200，是吧？

川口： 是的，没有问题。那么就拜托了。

小丸子： 西山部长一回来，我就马上转告，请放心。

丸ちゃんは下記の伝言メモを西川部長の机に置きました。

伝言メモ

4月21日10時30分

西川部長　様

伊藤物流　川口様から

☐　お電話がありました

☐　折り返しお電話をください

☐　もう一度お電話します

☑　用件は下記の通りです

例の納品の納品可能日を至急連絡をお願いしますとの伝
言がありました。

小丸子把下面的留言条放在了西川部长的桌子上。

留言条

4月21日10点30分

西川部长

来自　伊藤物流　川口先生

☐　打过电话

☐　请回电话

☐　会再打电话

☑　电话留言内容如下

请火速联络可能交货的日期。

小丸子的日语词汇百宝箱

1. **ビジネス** 商业、商务、工作、生意、买卖
2. **ぺらぺら** 说外语流利、喋喋不休、滔滔不绝
3. **外出（がいしゅつ）** 外出
4. **おそらく** 恐怕、或许

5. 折り返し（おりかえし）　折回、返回、立刻、马上

6. 差し上げる（さしあげる）　举起、呈送、给您，「してあげる」的敬语

7. 伝言（でんごん）　传话、带口信

8. あいにく　不凑巧

9. 至急（しきゅう）　火急、火速、赶紧、赶快

10. 電波（でんぱ）　电波、电磁波、通信信号

11. 急用（きゅうよう）　急事

12. 次第（しだい）　一……立即……、顺序、手续、情况

小丸子的日语文法百宝箱

～次第

意义　①一旦……立刻、马上②全凭、全看、视……而定

接续　①动词连用形＋次第
　　　②Ｎ＋次第

❀ **戻り次第、鈴木さんより折り返しお電話を差し上げます。**

一回来，就让铃木先生给您打电话。

❀ 資料を手に入り次第、すぐ皆さんに配ります。

资料一拿到手就马上发给大家。

❀ 結婚した相手次第で、人生が決まってしまうこともあります。

有时候根据结婚对象的不同，可以决定人的一生。

小丸子 的 每日一练

利用课中学习的单词完成下列句子:

1. こんなに結構な＿＿＿＿＿ができましたら、たくさんのお金をもらえます。

2. 丸ちゃんの日本が＿＿＿＿＿ですね。日本人らしいですね。

3. 午後は事務室にいないそうですね。＿＿＿＿＿するんですか。

4. 帰り次第、＿＿＿＿＿電話を差し上げます。

5. 課長は今席をはずしておりますので、何かご＿＿＿＿＿がありますか。

6. 取引先へ言ったんですが、＿＿＿＿＿担当者が病気になりましたので、会えなかった。

7. ＿＿＿＿＿がよくないですので、何を言ったか聞こえませんでした。もう一度お願いします。

8. 私は＿＿＿＿＿があるんで、今日は早退したいのですが。

答案

1. ビジネス	2. ぺらぺら	3. 外出
4. 折り返し	5. 伝言	6. あいにく
7. 電波	8. 急用	

小丸子 的 职场经

　　小丸子自认为在日本学习到的商务日语还是比较地道的。加上小新对小丸子的指导，小丸子才能够达到独当一面、应对自如的水平。现在小丸子就将她所掌握的商务日语中的电话礼仪和大家一起分享一下。

　　电话铃声一响要尽快接听，自报家门。电话的响声最好不要超过三声以上，否则，显得很不礼貌。

　　如果超过三声，要先说"让您久等了"。

　　外公司的人打电话过来，要和对方说"一直受您关照"。如果对方没有自报姓名的话，要问清对方是谁。需要电话转接的时候一定要说"请您稍等"。如果对方要找的人不在，那么要说明原因。比如外出了、开会中。如果需要留言的话，要帮助写好留言条或者做好转达。

　　挂电话的时候要先等对方挂了再挂断，不然会显得有些不礼貌。

第11课

多亏了小新
——成功接待客人（1）

会話1

丸ちゃんは新ちゃんと昼ごはんを食べながら、接客について話しています

小丸子和小新一边吃午饭一边讨论接待客人的问题

丸ちゃん：秘密恋愛はしんどいですね。

新ちゃん：丸ちゃんと会うチャンスはこの昼ごはんの時だけですね。なんで気が気でない顔をしてるの？

丸ちゃん：そうだね。丁度新ちゃんに聞こうと思ってさ。来週北京建設の川口さんと中国人担当一人はわが社へ訪問しに来るそうです。中国からのお客さんだから、加藤課長は私を接客させるわ。

新ちゃん：いいじゃない。初めての新挑戦任務だからね。

丸ちゃん：しかし、どきどきしてるわよ。接客経験がないから、できるかどうかよく分からなくてさ。何かアドバイスとかをもらえる？

新ちゃん：訪問は何日間かなあ？

丸ちゃん：長くないだけど、3日間だけ。

新ちゃん：なるほど。お客さんの希望は？加藤課長の意見は？

丸ちゃん：そうだね。お客さんは会社の見学、市内観光などの希望はあるんだけど、加藤課長からは特に何も。

新ちゃん：それじゃ、まずはお客さんのご希望に応じて、スケジュール表を作成して、加藤課長に見せて、何か意見とかをもらって、もし問題なければ、スケジュール表によって接待すれば、問題ないと思う。

丸ちゃん：はい、了解。ありがとうなあ。早く食べてね。

小丸子：秘密恋爱真辛苦啊。

小新：　和小丸子见面的机会就只在午饭时间啊。为什么一脸焦虑的表情？

小丸子：是啊。正好我想问问小新你呢。听说下周北京建设的川口先生和一个中国人负责人要来我们公司访问，因为是中国来的客人，所以加藤科长让我接待。

小新：　不是很好嘛。第一次挑战新任务啊。

小丸子：但是我很紧张啊。没有接待客人的经验，不知道能不能够完成任务。小新能给我什么建议吗？

小新：　访问几天呢？

小丸子：不是很长，只有三天。

小新： 这样啊。客人有什么希望吗？加藤科长的意见呢？

小丸子： 嗯。客人想先参观公司，然后在市内旅游等。加藤
科长没特别说什么。

小新： 那样的话，首先按照客人的希望做出日程表，然后
让加藤科长看看，给写点什么意见。如果没有问题
的话，就按照日程表接待，就没有问题了。

小丸子： 好的，知道了。谢谢啊。快吃吧。

会話2

丸ちゃんはスケジュール表について、加藤課長と確認しています

小丸子在和加藤科长确认日程表

丸ちゃん： 加藤課長、北京建設様訪問の件ですが、スケジュール表
をできましたので、いくつかの箇所についてご相談させ
ていただきたいですが、お時間はいいですか。

加藤 ： うん、三日間の訪問だね。

丸ちゃん： はい、そうです。初日の午後には私が空港へ出迎えに行
きます。会社に着いたら、わが社の状況を紹介いたしま
す。晩御飯はどうしましょう？

加藤 ： そうだね。晩御飯はさ、経営1課の西川課長、経営2課
の西村課長、私と丸さんは随行しても大丈夫。場所は隣
のビジネスレストランでいいなあ。

丸ちゃん：はい、了解いたしました。あとでスケジュール表に追加いたします。二日目の 10 時には企画部との会議がありますので、朝一私がホテルへ出迎えに行きます。ホテルですが、お客さんのご希望によって、予約済みです。会議は 2 時間ぐらいかかると思います。お客さんのメールには午後は別の会社との会議がありそうですので、昼ご飯と午後の手配は不要だと書かれています。

加藤：うん、分かった。

丸ちゃん：3 日目は一日中市内観光のご希望なんですが、私も東京にはよく分からないため、辻野先輩の随行してもらえば助かります。よろしいでしょうか。

加藤：そうしましょう！頑張ってなあ。

丸ちゃん：はい、頑張ります。ご確認ありがとうございます。それでは、失礼いたします。

小丸子：加藤科长，北京建设访问的事情，日程表我做好了，有几个地方想和您商量一下。您方便吗？

加藤：嗯，三天的访问吧。

小丸子：是的。第一天的下午我去机场接他们。到了公司以后，介绍一下我们公司的情况。晚饭怎么办呢？

加藤：是啊。晚饭的话，经营一科的西川科长，经营二科的西村科长、我还有小丸子陪他们吃就可以了。就在旁边的商务餐厅就可以。

小丸子：好的，明白了。一会我将这个追加在日程表中。第二天的10点和企划部有会议，我一早去酒店接他们。酒店已经按照客人的希望预定好了。会议大概需要两个小时。客人的邮件中说他们下午好像和其他的公司有会议，所以不需要我们安排午饭和下午的日程。

加藤：嗯，明白了。

小丸子：第三天的时候希望一整天市内观光。我对东京也不是很熟悉，所以如果可以的话，让让野前辈一同随行就帮大忙了。可以吗？

加藤：就这么办吧，加油啊。

小丸子：嗯，我会加油的。非常感谢您的确认。那我先告辞了。

会話3　空港で
在机场

丸ちゃん：すみませんが、北京建設の方でいらっしゃいますか。

A：いいえ、人違いのようですね。

丸ちゃん：すみません、間違いました。失礼しました。

A：かまいませんよ。

丸ちゃん：すみませんが、北京建設の方でいらっしゃいますか。

川口　　：はい、そうですが。

丸ちゃん：こんにちは、私は東井商社の丸と申します。皆さんのお
　　　　　迎えに参りました。

川口　　：わざわざ迎えに来ていただき、ありがとうございます。

丸ちゃん：いいえ、どういたしまして。お迎えすることができて、
　　　　　本当に光栄です。会社向けの車を用意いたしましたので、
　　　　　私についてきてください。

川口　　：よろしくお願いします。

丸ちゃん：飛行機はいかがでしょうか。

川口　　：中国国際航空のサービスはよかったですね。長い道中で
　　　　　したが、楽しかったです。

丸ちゃん：この３日間、楽しく過ごされますよう、心より願ってい
　　　　　ます。

川口　　：ありがとうございます。

丸ちゃん：王さんは？税関を通過したときに、何か面倒くさいこと
　　　　　などがございませんか。

王　　　：そうですね。ちょっと問題がありましたね。幸いのこと
　　　　　は川口さんがそばにいてくれましたね。

小丸子：不好意思，请问是北京建设的各位吗？

A：不是，好像认错人了。

小丸子：对不起，认错了。失礼了。

A：没关系。

小丸子：不好意思，请问是北京建设的各位吗？

川口：是的。

小丸子：您好。我是东井商社的丸子。我是来接大家的。

川口：非常感谢您特意来接我们。

小丸子：不，不用客气。能够来接各位，是我的荣幸。我已经准备好了去公司的车，请跟我来。

川口：拜托了。

小丸子：飞机怎么样啊？

川口：中国国际航空的服务真的很好。虽然旅途很长，但是很愉快。

小丸子：由衷地希望各位这三天能够过得很愉快。

川口： 谢谢。

小丸子： 王先生呢？海关检查的时候有没有遇到麻烦的事情？

王： 是啊。有那么一点问题。幸运的是有川口先生在我旁边啊。

小丸子的日语词汇百宝箱

1. 気が気でない（きがきでない） 担心、焦虑、坐立不安、忐忑不安

2. 訪問（ほうもん） 访问

3. 接客（せっきゃく） 接待客人

4. 任務（にんむ） 任务、工作

5. 見学（けんがく） 参观、参观学习

6. スケジュール 日程、日程表

7. 箇所（かしょ） 地方、部分

8. 出迎え（でむかえ） 迎接、出去迎接

9. 随行（ずいこう） 跟随、随行

10. 人違い（ひとちがい） 认错人

11. 道中（どうちゅう） 旅途中

12. 税関（ぜいかん） 海关

小丸子的日语文法百宝箱

～中

| 意义 | 整个。表示范围（既可以表示时间，也可以表示空间） |

| 接续 | 名词＋中 |

⚙ **3日目は一日中市内観光のご希望なんですが。**

第三天的时候希望一整天市内观光。

⚙ 全社中、このニュースが広まっていた。

这个消息在全公司都传遍了。

⚙ 今日中に必ずレポートを提出してください。

请一定要在今天内提交报告。

小丸子的每日一练

利用课中学习的单词完成下列句子：

1. どうしていらいらしていますか。＿＿＿＿＿ですね。

2. 韓国支社＿＿＿＿＿の件つきましては、日程が決まられていますか。

3. 明後日は重要なお客様はわが社へ来ますんで、＿＿＿＿＿してください。

4. こんな難しい＿＿＿＿＿を果てたすれば、成就感を持つに違いないだろう。

5. これは今回開催予定国際会議の＿＿＿＿＿ですので、どうぞご確認ください。

6. 見積り書にはいくつか訂正必要な＿＿＿＿がございますので、訂正させていただきます。

7. 今回会長訪問の＿＿＿＿はどなたでしょうか。

8. ＿＿＿＿をして、大変失礼しました。

9. 日本の＿＿＿＿検査は厳しいです。

答案

1. 気が気でない　2. 訪問　3. 接客
4. 任務　5. スケジュール　6. 箇所
7. 随行　8. 人違い　9. 税関

小丸子 的 职场经

　　小丸子在日本生活也有一段时间了，而且在东井商社工作也有一段时间了。在这期间非常感慨日本人办事态度的一丝不苟和认真。做什么事情之前都要做好一个计划，然后按照计划认真实施。就拿这次接待客人为例吧，小丸子也是事先都要制定一个日程表，然后按照日程表上的安排做一切事情。当然也不排除有紧急情况而改变日程表的可能性，但是在大多数情况下都是按计划进行。而且日本人很关心事情是否按照计划进行、按照计划进展的情况等等。这种习惯在日常生活中也一样吧。

第12课

多亏了小新
——成功接待客人（2）

丸ちゃん：川口さん、王さん、わが社に着きました。これから、わが社をご案内いたします。

川口　：荷物はどうしたらいいですか。

丸ちゃん：あっ、車に置いたままで大丈夫です。見学完了されましたら、この同車で直接にホテルを見送らせていただきますので。

川口　：分かりましたら。ありがとうございます。

丸ちゃん：東井商社は1933年に創設されて、今まではもう79年が経ちました。今年は創社80周年です。

川口　：すごいですね。おめでとうございます。

丸ちゃん：ここには会社紹介に関するパンフレットがあります。どうぞご自由に取って、ご覧ください。

（紹介中）

丸ちゃん：そろそろ、これからは現在北京建設が建設している工事を見に行きましょうか。

川口　：ええ、よろしくお願いいたします。

丸ちゃん：こちらへどうぞ。現場なので、安全のために、このヘルメットをかぶって、制服を着ていただけませんか。安全第一ですね。

川口　：そうですね。なかなかうまく行けそうですね。

丸ちゃん：そうですね。これは全部北京建設のおかげです。ありがとうございます。

川口　：いいえ、そんなことないです。

（見学完了後）

丸ちゃん：大体これぐらいだと思います。何か質問がありますか。私も入社したばかりで、多分説明不足かもしれませんが、どうぞご理解いただければ幸いです。

川口　：いいえ。丸さんの説明は詳しくて、全然新人らしくないですよ。

丸ちゃん：いいえ、そんなことないです。しかし、褒めていただき、嬉しいです。ありがとうございます。

小丸子： 川口先生、王先生，到我们公司了。接下来我就给大家介绍一下我们公司。

川口： 行李怎么办呢？

小丸子： 啊，就这样放在车里就可以了。参观结束后，会用这辆车直接将大家送到宾馆的。

川口： 知道了。谢谢。

小丸子： 东井商社是1933年创立的，至今已经有79年了。今年是我们公司创社80周年。

川口： 很厉害啊。恭喜恭喜。

小丸子： 这里有介绍我们公司的宣传册，请大家自由拿取翻阅。

（介绍中）

小丸子： 差不多接下来我们去看看现在北京建设正在建设的工程吧。

川口： 好的，拜托了。

小丸子： 这边请。因为是现场，所以为了安全，请带上安全帽、穿上制服可以吗？安全第一啊。

川口： 是啊。看上去进展得还是很顺利的啊。

小丸子： 是啊。这全都是托了北京建设的福了。谢谢。

川口： 不，哪里哪里。

（参观结束后）

小丸子： 我想公司介绍大概就是这个样子。有什么问题吗？我也是刚刚才进公司的，可能有说明不足的部分，请理解。

川口： 没有啊。丸子小姐的说明很详细，完全不像是一个
　　　 新人啊。

小丸子： 不，没那回事。不过您这样表扬我，我很高兴。谢谢。

会話2 丸ちゃんは北京建設の二人にホテルを案内し
ています

小丸子带北京建设的二人去宾馆

丸ちゃん： はい、これから、ホテルに向かいます。アポホテルを予
　　　　　約いたしました。わが社に近くて、市内観光にも便利な
　　　　　ホテルです。

川口 ：ご配慮いただき、ありがとうございます。

丸ちゃん： いいえ、大したことではないです。川口さんと王さんの
　　　　　名前で、シングルルーム二つを予約いたしました。ホテ
　　　　　ルに着いたら、フロントで二人のパスポートでチェック
　　　　　インをしてください。

川口 ：朝食付けですか。

丸ちゃん： はい、そうです。チェックインしたら、朝食券をもらえて、
　　　　　明日の朝と明後日の朝には朝食券を持って、ホテルのレ
　　　　　ストランで食べてください。洋食と和食、2種類がある
　　　　　そうですが、自分の好きなタイプを選ばれます。後でご
　　　　　案内いたします。

川口 ：はい、ありがとうございます。

（チェックイン後）

丸ちゃん：川口さん、王さん。見学は疲れましたね。今からちょっ

とだけ休んで、1時間後に出迎えにきて、一緒に晩御飯

へ行きましょう。加藤課長は隣のビジネスレストランで

晩御飯を用意いたしました。

川口 ：はい、それでは、1時間後にロビーで会いましょう。

丸ちゃん：はい、お待ちしております。

小丸子：好的，接下来我们出发去宾馆。我预约了アポ宾馆。
这个宾馆离我们公司近，市内观光也方便。

川口：让您操心了，非常感谢。

小丸子：没事，不是什么了不起的事情。我用川口先生和王
先生的名字预约了两间单人间，到了宾馆以后，请
二位用护照在前台办理登记手续。

川口：有早餐吗？

小丸子：是的，有的。登记之后，会拿到早餐券。明天早上
和后天早上请拿着早餐券在宾馆的餐厅里就餐。听
说有西餐和日餐两种，可以选择自己喜欢的类型。
一会我带你们去看看。

川口：好的。谢谢了。

（办理登记手续之后）

小丸子：川口先生、王先生，参观很累了吧。现在开始先稍
微休息一下，一个小时后我来接你们，然后我们一

起去吃晚餐。加藤科长已经在旁边的商务餐厅准备
了晚餐。

川口： 好的，那么一个小时后在大厅见。

小丸子： 好的，我等你们。

会話3 ビジネスレストランで皆晩御飯を食べています

大家在商务餐厅吃晚饭

加藤 ：川口さん、お越しいただき、嬉しく思いますよ。

川口 ：お招きいただき、心より感謝しています。

加藤 ：それでは、わが社のスタッフをご紹介させていただきます。
経営1課の西川課長です。経営2課の西村課長です。これ
は紹介必要がありませんね。午後からずっと一緒にですね。

川口 ：北京建設の川口と申します。どうぞよろしくお願いいた
します。

王 ：北京建設の王と申します。どうぞよろしくお願いいたし
ます。

西川 ：経営1課の西川です。どうぞよろしくお願いいたします。

西村 ：経営2課の西村です。今回北京建設のおかげで、わが社
の工事がうまくいきましたので、感謝しております。私
は今回の項目の責任者です。これからもどうぞよろしく
お願いいたします。

加藤　：午後の見学はどうでしたか。丸さんはちゃんと紹介しましたか。

川口　：ええ、丸さんは親切で紹介してくれて、いろいろ配慮してくれて、本当に行き届いていますね。

加藤　：本当ですか。よっかたです。今夜の晩御飯も丸ちゃんが予約してましたよ。

丸ちゃん：川口さんは北京駐在 3 年だと知っています。日本料理らしい日本料理を食べたいと思っていますので、このレストランにしました。王さんにも本当の日本料理を試せたいです。

川口　：でしょ？行き届いていますね。本当にありがとうございました。

加藤： 川口先生，非常高兴您能来。

川口： 对于您的款待，衷心地表示感谢。

加藤： 那么，我给您介绍一下我们公司的员工。这位是经营一科的西川科长，这位是经营二科的西村科长。这位就不用介绍了，下午开始就一直在一起了吧。

川口： 我是北京建设的川口，请多关照。

王： 我是北京建设的小王，请多关照。

西川： 我是经营一科的西川，请多关照。

西村： 我是经营二科的西村。这次多亏了北京建设，我们的工程才能顺利地进行，真的非常感谢。我是这次项目的负责人。以后还请多多关照。

加藤： 下午的参观怎么样啊？丸子有没有好好地介绍给你们啊？

川口： 嗯，丸子小姐很亲切地给我们介绍了，而且还为我们考虑了很多，真的是很周到啊。

加藤： 真的吗？那就好。今天的晚饭也是丸子预定的呢。

小丸子： 我知道川口先生已经在北京三年了，肯定很想吃地道的日本料理，所以我就选了这家饭店。我也想让小王先生尝尝真正的日本料理。

川口： 看吧？真的周到啊。非常感谢。

小丸子的日语词汇百宝箱

1. 案内（あんない）陪同、导游、邀请、指南、手册

2. 見送る（みおくる）目送、送行、观望、搁置

3. 経つ（たつ）（时间）流逝、过去

4. パンフレット 小册子

5. ヘルメット 安全帽

6. 褒める（ほめる）
   表扬
   > 反义词　叱る（しかる）批评

7. 配慮（はいりょ）关怀、关照、照顾、照料

8. シングルルーム
   单人间
   > 相关词汇　ダブルルーム 双人间

9. フロント 宾馆服务台

10. チェックイン
    住店
    > 反义词　チェックアウト 离店

11. 朝食付け（ちょうしょくづけ）带早餐

12. ロビー 大厅、前厅、会客室

13. 行き届く（ゆきとどく）周到、无微不至

14. 駐在（ちゅうざい）驻在、派驻

小丸子的日语文法百宝箱

～まま

意义 一如原样、保持原来的状态

接续 名词＋の＋まま

动词た形＋まま

形容动词＋な＋まま

形容词＋まま

⚙ **車に置いたままで大丈夫です。**

就这样放在车里就可以了。

⚙ 事務所の電気をつけたまま、退勤していました。

办公室的灯就这样开着就下班了。

⚙ 日本人は冬も夏も冷たいままのビールが好きですね。中国人と違います。

日本人无论是冬天还是夏天，都喜欢冰的啤酒。和中国人不一样。

⚙ 来週社長は久しぶりにこっちへ来る予定ですので、オフィスをきれいなままで保持してください。

下周社长计划要来这里，都好久没来过了。请像这样保持办公室的干净整洁。

小丸子的 每日一练

利用课中学习的单词完成下列句子:

1. それでは、弊社の現状をご_____させていただきます。

2. 道が分からなくても大丈夫ですので、私は空港まで_____らせていただきます。

3. 入社してから、もう4年間を_____。

4. これ、新開発品の_____をみてほしいんだけど。

5. いつも_____、_____味が分からなくなりましたので、自慢になるかもしれません。

6. ご_____を煩わしましたので、ありがとうございます。

7. 一人様ですね。_____と_____と、どちらがいいでしょうか。

8. ちゃんとパスポートを持ちなさいよ。ホテルで_____も_____もそれが必要です。

9. 杉原さんは_____いる人ですね。何でも考えてくれますからね。

10. 会社のカメラを返却しない_____、帰宅しました。

答案

1. 案内	2. 見送
3. 経ちました	4. パンフレット
5. 褒められたら、叱られる	6. 配慮
7. シングルルーム、ダブルルーム	8. チェックイン、チェックアウト
9. 行き届いて	10. まま

小丸子 的 职场经

今天小丸子和领导们一起陪客人吃饭了。席间真的是非常紧张，怕自己不懂得日本人的习惯而犯错误、出洋相。不过事实证明过程还是可以的，因为小丸子有小新做自己的军师。

日本人在吃饭前和吃饭后都要和周围的人打招呼。吃饭前说「いただきます」，吃饭后说「ご馳走様でした」。如果主人给客人倒了酒，客人也要接过酒杯给主人倒酒，两个人互敬。但是日本人所说的干杯和中国人所说的干杯不是一个意思。在中国，大部分情况下是把杯里的酒都喝了，而日本人则是量力而行，双方都不会互相逼迫对方全部将酒喝掉。倒酒的时候一般是双手握瓶，瓶上若有商标，商标要冲上，瓶口不要碰到杯口。互相干杯时，下属的杯子一定要低于上司的杯子。这是礼貌，请大家一定要记得。

第13课

秘密约会时间
——工作午餐

丸ちゃんはこっくり新ちゃんと携帯ショートメールでチャットしています

小丸子偷偷地和小新用手机发短信聊天

丸ちゃん：新ちゃん、忙しい？

新ちゃん：うん、すごく。何が？

丸ちゃん：お昼ご飯の時間だよ。デートの時間じゃない？一緒に行くの？

新ちゃん：オーケー、例のところでね。

小丸子：小新，忙吗？

小新：　嗯，非常忙。什么事？

小丸子：午饭时间到了。不是约会的时间吗？一起去吗？

小新：　好的，老地方见。

会話2　丸ちゃんは辻野さんと昼ごはんについて話しています

小丸子在和辻野讨论午饭

丸ちゃん：明日香ちゃん、お昼、行かない？

辻野　　：ううん、行かない。

丸ちゃん：なんで？ダイエット？全然必要ない。

辻野　　：いいえ、誤解しなくて。自分は弁当を持って来たからね。

丸ちゃん：えっ？自分で作ったの？美味しそう。

辻野　　：はい、そうだよ。自分で作ったもんだ。健康にも美容に
　　　　　もいい野菜だよ。それに、外での食事より、超安いわよ。
　　　　　最近はね、お金はね。ちょっとね。

丸ちゃん：えっ？昼ごはんの手当てがあるじゃないですか。

辻野　　：あるのはあるんだけど。足りないわよ。困ったなあ。

丸ちゃん：なるほど。じゃぁ、私が行って来るわ。

辻野　　：ちょっと、誰と？

小丸子：　明日香，不去吃午饭吗？

辻野：　　不，不去了。

小丸子：　为什么？减肥吗？完全没必要啊。

辻野：　　不是，不要误解。我自己带了便当来了。

小丸子：　咦？自己做的吗？看上去很好吃啊。

辻野： 是的，自己做的。是对健康和美容都好的蔬菜。而且比在外面吃便宜很多。最近啊，我的钱啊，有点犯难啊。

小丸子： 啊？不是有午餐补助吗？

辻野： 有是有，不过不够啊。真愁人。

小丸子： 这样啊，那么我去吃了。

辻野： 等等，和谁啊？

会話3 丸ちゃんは新ちゃんと一緒に昼ごはんを食べています

小丸子和小新一起吃饭

丸ちゃん：今日は何がいい？セルフサービス？昼ごはんを食べながら、デートできるのはいいね。

新ちゃん：いいよ。接客は完璧で完了したそうだね。さすが…

丸ちゃん：新ちゃんのアドバイスのおかげだね。ありがとう。

新ちゃん：いいえ、僕が何もしてねえじゃん？丸ちゃん自分が頑張った結果だよ。

丸ちゃん：あそこに空いているよ。行こう。すみませんが、ここは空いていますね。座ってもいいですか。

A ：はい、どうぞ。

新ちゃん：じゃあ、僕が先に取りに行くよ。

丸ちゃん： 一緒に、一緒に。見て、あの人、割り込んでた。

新ちゃん： ルール違反だね。禁止やね。皆はここで並んで待ってる
からね。最低。

丸ちゃん： そうだね。あの人以外は、皆並んでるね。待ってて。新ちゃ
ん、丁度ひとつのトレーを渡してもらう？ここから取れ
ないから。

新ちゃん： はい、どうぞ。サラダがいい？丸ちゃんの分も取るからね。

B ： 海外統括の新さんじゃないですか。一緒に入社した商品
部の杉本です。ここでお会いできて、嬉しいです。

新ちゃん： お会いできて、嬉しいです。

丸ちゃん： びっくりした。偶然だわよ。偶然だ。気をつけなきゃい
けないんだ。バレる恐れがあるのよ。

小丸子： 今天吃什么？自助？能够一边吃午饭一边约会真好啊。

小新： 好啊。听说你接待客人的任务完美地完成了？真不愧是小丸子。

小丸子： 多亏了小新你的建议。谢谢。

小新： 没有啊。我不是没做什么嘛，都是小丸子自己努力的结果啊。

小丸子： 那儿有空位置，走吧。请问这里有人吗？可以坐吗？

A： 是的，请坐。

小新： 那么，我先去取吃的。

小丸子： 一起吧，一起吧，看，那个人插队。

小新： 违反规则啊，不可以啊。我们大家都在这排队呢，真差劲。

小丸子： 是啊。除了那个人以外大家都在排队呢。再等等。小新，正好能递给我一个盘子吗？我这里够不到。

小新： 好，给你。吃沙拉吗？我把小丸子的那份也拿了吧。

B： 这不是海外统括的小新吗？我是一起进公司的商品部的杉本，能在这里遇到，真是高兴。

小新： 能遇到真是高兴。

小丸子： 吓死我了，偶然啊，偶然啊。必须注意了。恐怕要败露了啊。

小丸子的日语**词汇**百宝箱 🔑

1. ショートメール 短信
2. チャット 闲聊、聊天
3. デート 约会
4. ダイエット 减肥
5. 誤解（ごかい） 误解、误会
6. 手当て（てあて） 准备、处理、补贴、津贴
7. 割り込む（わりこむ） 插队、加塞儿、插嘴
8. バレる 败露

小丸子的日语**文法**百宝箱 ✏️

〜ながら

意义 一边……一边……

接续 动词连用形 + ながら

⚙ **昼ごはんを食べながら、デートできるのはいいね。**

能够一边吃午饭一边约会，真好啊。

⚙ 音楽を聞きながら、仕事をする人はわが社で少なくないですね。

一边听音乐一边工作的人在我们公司不少呢。

⚙ ロビーでコーヒーを飲みながら、相談しましょう。

我们在大厅一边喝咖啡一边商量吧。

小丸子 的 每日一练

利用课中学习的单词完成下列句子：

1. 中国の携帯で片仮名を打つことができないため、＿＿＿＿を送るときはローマ字だけです。

2. 仕事中にはちゃんと働いて、＿＿＿＿禁止です。

3. ＿＿＿＿しないように、ちゃんと説明しなさい。

4. 給料以外には＿＿＿＿がもらえますか。給料はそれだけなら、生活が保障できないと思う。

5. 列に並んでくださいね。＿＿＿＿のは禁止です。

6. うそが＿＿＿＿。

7. コンピューターでゲームを遊び＿＿＿＿、仕事できないでしょう？

答案

1. ショートメール	2. チャット	3. 誤解
4. 手当て	5. 割り込む	6. バレちゃった
7. ながら		

小丸子 的 职场经

　　小丸子来到日本有一段时间了，最感慨的就是日本人的自主性真的很强，很多情况下都不需要人来维持秩序，大家都很自觉地遵守规定。就拿排队这件事情来说吧。日本人无论做什么，只要是有人的地方都会自觉地排队。比如在超市收银处、售票处、饭店等候区，甚至洗手间都是自觉地排队，不争不抢，几乎没有插队的现象。如果出现了插队的情况会遭受大家白眼的。我想大家印象最为深刻的应该是2011年大地震后日本避难所中的情景，即使大家都遇到了地震海啸，心里很是不舒服，但是仍然会自觉地排队。这点充分显示出日本人的素质真的是比较高。

第14课

心里美滋滋的
——顺利完成大型会议的翻译工作

会話1 | 丸ちゃんは加藤課長の事務所で話しています
小丸子在加藤科长的办公室里谈话

（ノック）

加藤 ：はい、どうぞ。

丸ちゃん：課長、お呼びですか。

加藤 ：うん、そうだね。この前、北京建設の接待、ありがとうね。
川口さんから感謝のメールが届いたよ。よくやったね。

丸ちゃん：いいえ、私の仕事ですから。これからも頑張りたいと思
います。

加藤 ：うん。ところで、わが社の新しいプロジェクト知ってる。

丸ちゃん：うん、開発したばかりの新製品の生産、普及の件ですか。

加藤　　：そうだね。まずは中国に進軍しようって、経営戦略部か
　　　　　ら提案があるんで、来月 10 日に東井中国の担当の皆さ
　　　　　んとの会議が行うから、丸さんが通訳してほしいんだけ
　　　　　どね。

丸ちゃん：私がですか。

加藤　　：そうだよ。丸さんは中国人で、日本語が上手だから、必
　　　　　ず大丈夫だよ。

丸ちゃん：しかし、通訳したことがないし、新製品についても何も
　　　　　分からないですから、ちょっと心配していますが。

加藤　　：大丈夫。まだ半か月ぐらいでしょう？この間をよく利用
　　　　　して準備してくださいね。これは新製品の資料で、宣伝
　　　　　部から手に入れたばかりなの。戻ったら、新製品の了解
　　　　　のため、よく読んでね。何か困ったことや、分からない
　　　　　ことがあれば、いつでも聞いてください。秘書課のみん
　　　　　なは丸さんのことをサッポトするからね。頑張ってね。

丸ちゃん：はい、信頼していただき、ありがとうございます。頑張
　　　　　ります。

　　　　　（敲门）

加藤：　　在，请进。

小丸子：　科长，您找我？

加藤：　　嗯，是啊。上次对于北京建设的接待，谢谢啊。川
　　　　　口先生发来了感谢信。做得很好啊。

小丸子：　没关系，这是我的工作。今后还要努力。

加藤： 嗯，另外呢，你知道我们公司的新项目吗？

小丸子： 嗯，您是说刚开发的新产品的生产、推广的项目吗？

加藤： 是啊。经营战略部的提案是想先进军中国市场。下个月10号的时候和在中国东井的各位负责人开一个会议，我想让丸子做（会议的）翻译。

小丸子： 我吗？

加藤： 是啊。丸子是中国人，而且日语那么棒，一定没有问题的。

小丸子： 但是，我没有做过翻译，而且我对新产品还什么都不了解，有点担心啊。

加藤： 没关系。还有半个月的时间呢。利用这段时间好好准备一下。这个是新产品的资料，我刚从宣传部那里拿到的。回去后，好好阅读，了解一下新产品。如果有困惑的地方或者不明白的地方，可以随时问我啊。秘书科的所有人都支持丸子你啊。加油。

小丸子： 好的。非常感谢您对我的信任。我会加油的。

会話2 会議で

会议中

司会者：本日お忙しいところ、お集まりいただき、真にありがとうございます。東井中国の皆様、わざわざ北京からお越しいただき、心より歓迎しております。それでは、開発部の田中さんより新製品の発表及び説明をお願いいたします。

田中: 皆さん、お忙しいところ、お集まりいただき、真にありがとうございます。ただ今より、新しく開発いたしました新製品につきましては、発表を兼ねましてご説明申しあげたく存じます。この新製品の機能に応じて、生産地、生産方法、普及方などの計画をご相談させていただきたいと思っております。皆さんの手元に置かれているパンフレットはわが社宣伝部が作成していただきました今回の新製品の宣伝パンフレットですので、どうぞご覧ください。さて、私よりのご説明は始まります。ご存知のとおり、環境保護は我々の地球にだけではなく、我々の子孫にとっても、非常に重要なことでございます。新製品の開発起点発想環境保護のためで、新エネルギー源を利用して、開発いたしました。宣伝方法も、広告もこの点から行きたいと思っておりますので、どうぞご検討いただければと思います。それでは、この部分に関しては丸さんの通訳をお願いしようと思います。よろしくお願いいたします。

<以下为小丸子的翻译>

主持人: 今天，非常感谢大家百忙之中聚在这里。衷心地欢迎从北京来的中国东井的各位。接下来，请研发部的田中先生针对新产品做发表和说明。

田中: 非常感谢大家百忙之中聚在这里。现在，由我对新开发的产品做发表和说明。请大家根据这个新产品

的功能，商量一下有关生产地、生产方法以及推广方法等的企划。大家手边放置的宣传册是我们公司宣传部专门为这个新产品制定的宣传册，请大家看一下。那么我开始说明。众所周知，环境保护不仅对我们的地球，对我们的子孙也是非常重要的。新产品开发的出发点就是为了保护环境，利用新能源开发出来的。宣传方法以及广告等等我也想从这一点出发，请大家探讨一下。接下来，关于这个部分请丸子小姐翻译一下。拜托了。

会話3

丸ちゃんと新ちゃんは話しています

小丸子和小新在谈话

新ちゃん：丸ちゃん、素晴らしい通訳だったね。すごい。評判がよかったよ。

丸ちゃん：えっ？何で知てるの？

新ちゃん：私が立会いしてたよ。

丸ちゃん：えっ？知らなかったわよ。

新ちゃん：しかし、ちょっと緊張してたみたいね。

丸ちゃん：そうだよ。何で知ってるの？見える？

新ちゃん：会議の頭に、声がぶるぶるだったね。しかし、その後は
全然見えない。ご安心くださいね。初めての大型会議だ
からさ、もうすごかったと思ったよ。加藤さんはいつも
満足な顔をして、たまに頭をうなずいたよ。丸ちゃんの
仕事が上司に承認されたね。おめでたいなあ。

丸ちゃん：嬉しいわ。じゃあ、何かお祝いへ行かない？

新ちゃん：いいわよ。丸ちゃんの成功のため、おごるから。

丸ちゃん：ありがとう。

小新：　　小丸子，很棒的翻译啊，好厉害。好评如潮啊。

小丸子：　啊？小新为什么知道呢？

小新：　　我在场啊。

小丸子：　啊？我不知道啊。

小新：　　但是好像有点紧张啊。

小丸子：是啊，你怎么知道？能看出来吗？

小新：　会议开始的时候，声音有点颤抖啊。但是后来就完全看不出来了，放心。第一次（参加）这么大型的会议，我觉得已经很了不起了。加藤科长也一脸满意的表情，还不时地点头。小丸子的工作得到了上司的认可啊。真是值得庆祝的事情。

小丸子：真高兴，那么我们要不要去庆祝一下？

小新：　好啊。为了小丸子的成功，我请客。

小丸子：谢谢。

小丸子的日语词汇百宝箱

1. プロジェクト　项目、计划、规划

2. 開発（かいはつ）开发

3. 普及（ふきゅう）普及

4. 進軍（しんぐん）进军、军队等前进

5. 戦略（せんりゃく）战略、战术

6. 通訳（つうやく）口译

7. 新製品（しんせいひん）新产品

8. 発表（はっぴょう）发表

9. 機能（きのう）机能、性能

10. 宣伝（せんでん）宣传

11. 発想（はっそう）想法、想出、表达、表现

12. 新エネルギー源（しんエネルギーげん）新能源

13. 評判（ひょうぱん）评价、出名、有名

14. 立会い（たちあい）在场、会同、列席

15. ぶるぶる 哆嗦、发抖、摆动的样子

16. うなずく 首肯、表示同意点头

小丸子的日语文法百宝箱

〜だけではなく、〜も

意义 不仅……也……、不但……也……

- **ご存知のとおり、環境保護は我々の地球にだけではなく、我々の子孫にとっても、非常に重要なことでございます。**

  众所周知，环境保护不仅对我们的地球，对我们的子孙也是非常重要的。

- 野田さんは中国語だけではなく、韓国語もできます。

  野田不但会汉语，还会韩语。

- この業務完成するために、個人的な能力ではなく、チームワークも必要です。

  为了完成这项工作，不仅需要个人能力，也需要团队合作。

小丸子的每日一练

利用课中学习的单词完成下列句子：

1. 僕は英語ができないから、今回の出張時、僕に随行して、＿＿＿＿＿してもらえる？

2. 新製品の＿＿＿＿＿のため、このようなパンフレットを作りました。

3. ＿＿＿＿＿は旧エネルギー源と比べて、大人気で、認められやすいですね。

4. この商品の売り上げは高くて、＿＿＿＿＿がいいですね。

5. 今回の搬入には、小職にも＿＿＿＿＿をさせていただきました。

6. すごく緊張してたから、ずっと＿＿＿＿＿してた。

7. 頭を＿＿＿＿＿のは賛成という意味ですか。

答案

1. 通訳　　　2. 宣伝　　　3. 新エネルギー源
4. 評判　　　5. 立会い　　6. ぶるぶる
7. うなずいた

小丸子 的 职场经

　　工作以后各种会议自然是不可缺少的。但是像这么大型的会议，小丸子也是第一次参加。和中国一样，日本人开会时的会议座位也是有讲究和顺序的。一般情况下，在会议室里面的位置算是最上座，而靠近门口的地方算是最下座。人员按照顺序分别坐在左右两侧的情况比较常见。小丸子虽然是本次会议的翻译，但出席会议的全部都是领导，所以小丸子坐的位置大家知道了吧？以后如果大家有机会安排会议的话，一定要注意这点，以免失礼。

第15课

意外的惊喜
——临时调动工作

会话1

加藤さんは丸さんと転勤の話をしています

加藤在和小丸子说工作调动的事情

辻野　　：丸ちゃん、加藤課長のお呼びです。

丸ちゃん：えっ？私ですか。

辻野　　：ええ、私の事務所へ来てくださいって。

丸ちゃん：はい、分かった。ありがとうなあ。

（加藤課長の事務所で）

丸ちゃん：失礼します。お呼びですか。

加藤　　：はい。座って。丸さんはね、入社してからもうすぐ2か
　　　　　月だよね。

丸ちゃん：はい、そうです。すぐです。

加藤 ：丸さんの素敵な仕事はみんな知ってるわよ。私の知って
る限りでは、能力を持ってるし、仕事態度がいいし、す
ごくいい評判だよ。特に、今月上旬の通訳のことでさ、
海外統括の佐々木部長にも褒められたわよ。先週一緒に
食事をしてたときはさ、いろいろ話しててさ。今は海外
事業部は新製品の件で大変忙しくて、人手は足りなさそ
うで、丸さんが一時企画部に転勤してほしいって、佐々
木部長からの希望なんだけど。新製品販売のことで、来
月の頭から、2か月間でずっと企画部働いて、企画部の
皆さんに協力することになりました。もちろん、私が丸
ちゃんが転勤させたくないんだよ。いい部下がなくなり
そうな感じしてるさ、悲しいわよ。

丸ちゃん：えっ？企画部ですか。しかし、私はこのような秘書の仕
事に似合うと思いますので、企画の仕事はダメだと思い
ますが。いいアイディアとかができないかもしれません
が。私自身も秘書課で続いて働きたいんですけど。

加藤 ：臨時的だよ、臨時的。2か月後にはまた秘書課に戻れる
わよ。丁度このチャンスのきっかけに、別の仕事をいろ
いろ経験してね。それに、これは上司の命令だよ。

丸ちゃん：はい、分かりました。来月の頭ですね。

日语征服记

加藤 ：はい、具体的な日付けはまだ決めてないんですけど、後
は正式的に通知するわ。今の丸さんの仕事はさ、辻野さ
んと引き継いでね。

丸ちゃん：はい、了解いたしました。それでは、お待ちしております。
頑張ります。

辻野： 小丸子，加藤科长找你。

小丸子：啊？我吗？

辻野： 嗯，她说让你去一趟她的办公室。

小丸子：好的，知道了。谢谢啦。

（在加藤科长的办公室）

小丸子：打扰了，您找我吗？

加藤： 是的，请坐。小丸子进公司快两个月了吧。

小丸子： 嗯，是的，马上（两个月）了。

加藤： 大家都知道小丸子你的工作很出色。据我所知，小丸子又有能力，工作态度又好，大家都对你有很好的评价。特别是这个月上旬的那个翻译工作，海外统括的佐佐木部长也表扬了你。上周一起吃饭的时候，我们说了很多。现在海外事业部为了新产品的事情很忙，人手不够，佐佐木部长想让小丸子暂时去企划部工作，从下个月初开始大概两个月的时间一直在企划部工作，协助企划部的各位做好新产品的销售工作。当然，我也不想让你调动工作，感觉好像失去了一个好的部下，好伤心啊。

小丸子： 啊？企划部吗？但是，我觉得我还是适合秘书的工作，不适合做企划的工作。我可能没有什么好的想法什么的。我自己还是想继续在秘书科工作的。

加藤： 是临时的，只是临时的啊。两个月后还会回到秘书科的。正好利用这个机会，体验一下别的工作。还有，这个可是上司的命令啊。

小丸子： 好的，知道了。是下个月初吧？

加藤： 是的，具体的日子还没有确定下来，之后会正式通知的。现在小丸子的工作和辻野交接一下吧。

小丸子： 好的，了解了。那么我等您的通知，我会努力的。

会話2　丸ちゃんと辻野さんと話しています
小丸子和辻野在说话

辻野　　：丸ちゃんが転勤するんだって？

丸ちゃん：うん、企画部に2か月間。

辻野　　：いいわね。おめでとう。丸ちゃんの能力が上司のみんな
　　　　　に認められたね。いいチャンスわよ。丸ちゃんの自分発
　　　　　展を期待してるよ。あっ、そうだ。丸ちゃんは派遣社員
　　　　　だよね。この状況をみると、正社員になれるかもしれな
　　　　　いね。ずっと一緒に仕事ができて、嬉しいわよ。

丸ちゃん：それは後の話わね。今できるのは明日香と仕事の引き継
　　　　　ぎだよ。この2か月間、短いだけどね、明日香からいろ
　　　　　いろ教えてくれて、本当にありがとうね。

辻野　　：いいえ。でも、丸ちゃんが転勤したら、私が寂しくなるよ。

丸ちゃん：いいえ、私は明日香の上だけだから、いつでも会えるよ。
　　　　　寂しくはないわよ。

辻野　　：うん。転勤した後、もし何か私が力になれることがあれば、
　　　　　何でも遠慮なく連絡してね。丸ちゃんの力になりたいな
　　　　　あ。

丸ちゃん: もちろん。ありがとうね。さあ、私の仕事のマニュアル

ができたから、これに基づいて、引き継ぎをしましょう！

私が企画部にいる2か月間頼むね。

辻野： 听说小丸子要调工作啊。

小丸子： 嗯，调到企划部两个月。

辻野： 真好啊，恭喜啊。这说明小丸子的工作能力被上司

们认可了啊。很好的机会啊。我期待着小丸子的个

人发展啊。啊，对了。小丸子还是派遣员工吧。按

这个情况来看，很有可能成为正式员工哦。能够一

直在一起工作，真高兴啊。

小丸子： 那都是后话了。现在能做的就是和明日香交接工

作。虽然这两个月很短，但是明日香教会了我很多

东西，真的非常感谢。

辻野： 不客气。但是，小丸子调走的话，我会很寂寞的啊。

小丸子： 不会啊。我就在明日香的楼上啊。什么时候都能见

面的，不会寂寞的啊。

辻野： 嗯。调走后，如果有什么我能帮得上忙的，别客气

直接跟我联系啊。真想能帮上小丸子的忙。

小丸子： 当然啊。谢谢。那么，我做了一个我的工作流程

图。根据这个，我们交接吧！我在企划部的这两个

月就拜托了。

小丸子的日语词汇百宝箱

1. サープライス 惊喜

2. 転勤（てんきん）
转职、调动工作
   > 相关词汇　転職（てんしょく）改行、由某一职业
   > 转为另一职业

3. 上旬（じょうじゅん）
上旬
   > 相关词汇　中旬（ちゅうじゅん）中旬
   > 下旬（げじゅん）下旬

4. 一時（いちじ）一时、同时

5. 引き継ぎ（ひきつぎ）移交、接替、继承

6. 遠慮（えんりょ）客气、谢绝

7. 頼む（たのむ）请求、委托、依赖

8. 基づく（もとづく）根据、基于、由于

小丸子的日语文法百宝箱

～かぎり

意义　在……范围内

接续　动词连体形＋かぎり

✿ **私の知ってる限りでは、能力を持ってるし、仕事態度がいいし、すごくいい評判だよ。**

据我所知，小丸子又有能力，工作态度又好，大家都对你有很好的评价。

⚙ 私が聞いている限りでは、全員時間通りに着くということ
ですが。

我所听说的是全体人员都按规定时间到了啊……

⚙ 今までの調査した限りでは、世界中にはこんなエネルギー
源がないです。

据到现在为止的调查显示，世界上还没有这样的能源。

小丸子 的 毎日一练

利用课中学习的单词完成下列句子：

1. お祝いパーティーを開いてくれて、私にとっては＿＿＿と言いすぎ
ではないです。

2. ＿＿＿なんて、もうちょっと考えなさいよ。勤務経験は2か月だけ
だから、難しいよ。

3. 今は上旬ですが、取引先との打ち合わせは＿＿＿ですか。それと
も＿＿＿ですか。

4. これらの商品は全然売れないため、＿＿＿倉庫に保管してもらえま
せんか。

5. ＿＿＿を完了するまで、退社手続きなどを処理してくれません。

6. ご＿＿＿なく、どうぞわが社の新食品を召し上がってください。

7. 新プロジェクトを＿＿＿後、毎晩眠れないです。多分プレッシャー
があるかも。

8. 大げさではなく、事実に＿＿＿、このニュースを書いてください。

答案

1. サープライズ　　2. 転勤　　　3. 中旬、下旬
4. 一時　　　　　　5. 引き継ぎ　　6. 遠慮
7. 頼まれた　　　　8. 基づいて

小丸子的职场经

　　小丸子马上就要调到别的部门做支援工作了，她将会体会到不同的工作内容。

　　在日本，公司内部的工作调动是很正常的，一个人一般不会在一个工作岗位上做很长的时间。但是一般的日本人一旦就职到一个公司，就不太容易会选择跳槽，而是为公司工作到退休。这和日本的工资制度——年功序列制有很大的关系。这里，小丸子就为大家介绍一下日本的年功序列制。其主要的意思就是员工的基本工资每年随员工本人的年龄和企业工龄的增长而增加，而且增加工资有一定的序列，按各企业自行规定的年功工资表次序增加，故称为年序列工资制。所以在日本的公司里，并不一定是能者多得，而是"老者多得"的情况居多，即使一个员工的能力并不高，但是随着年龄的增长和为公司服务年限的增加，他的工资也随之增加，所以很多日本人不太愿意选择跳槽，而是长期为一家公司工作。这样看来，对于刚毕业的大学生来说，毕业后的第一份工作，找到一个实力强的大公司是很必要的。

第16课

部长委以重任
——小丸子参加企划中国区新项目

丸ちゃんは企画部の皆さんに紹介されています

小丸子被介绍给企划部的各位

池田　：こちらは秘書課より転勤になりました丸です。今日から皆さんと一緒に、新製品中国向け進軍の企画案で、働いています。丸さんは中国人で、李さんと同じ、中国の現状をよく知っているはずですので、みなさんの力になれるに違いないと思います。じゃあ、拍手して、歓迎してください。じゃあ、丸ちゃん、この2か月間、頼むわ。この企画案は新製品中国進軍の成功と関わっていますので、重視してくださいね。丸さんの力を借りて、成功に向かいましょう。では、みんなに挨拶してくださいね。

丸ちゃん： 始めまして、丸と申します。企画のことなら、まだ分からない点が多いので、いろいろと教えてください。

背戸　： 背戸です。こちらこそ頼みます。協力してくれて、ありがとうございます。

李　　： 李です。私も中国人です。丸ちゃんが結構やるじゃないですか。池田部長から聞きましたよ。えらいですね。

丸ちゃん： いいえ。一緒に頑張りましょう！

池田： 这位是从秘书科调过来的丸子小姐。从今天开始和大家一起工作，做新产品进军中国的企划案。丸子小姐是中国人，和李先生一样，应该对中国的现状比较了解，肯定会帮得到大家的。那么我们大家鼓掌表示欢迎。丸子小姐，这两个月就拜托了。这个企划案关系着新产品进军中国的成功，请重视起来。让我们借助丸子小姐的力量一起走向成功吧。那么，请和大家打个招呼吧。

小丸子： 初次见面，我是小丸子。在企划上，我有很多不懂的地方，请多多指教。

背户： 我是背户，我们才要多多拜托你呢。能来协助我们，真的很感谢。

李： 我姓李，我也是中国人。小丸子做得很好啊。我都听池田部长说了，很了不起呢。

小丸子： 没有，我们一起加油吧。

企画部で丸ちゃんと李さんは話しています

在企划部，小丸子和小李在谈话

会話2

丸ちゃん：企画案を書いたことがないですけど。

李　　　：大丈夫です。基本的には 5W1H で考えます。

丸ちゃん：5W1H というのは何ですか。

李　　　：5W1H というのは when、where、who、why、what、how。つまり、いつ、どこで、誰が、何で、何をとどのようにですね。具体的に言えば、いつ実施、どこで実施、お客様はどなた、企画の背景は何が、企画案の内容は何が、実施方法は何ですか。

丸ちゃん：なるほど、他の要素とかがありますか。

李　　　：そうですね。この企画案の狙いは何か。どんな効果を期待していますか。企画案の予算はどれぐらいですかなども重要です。

丸ちゃん：企画案を通すために、いろいろ準備しなければならないですね。

李　　　：そうだね。通すために、何のための企画か、目的と、企画による効果が明確に示される必要ですね。一般的に、企画案は下記の部分によって構成してます。企画案のタイトル、環境、コンセプト、目的、内容、問題点、効果、予算、スケジュール、資料、参考事例などによってですね。

丸ちゃん：なるほど、それでは、各部分の気をつけなければならない点がありますか。

李　　　：ええ、ありますよ。では、順番に言います。まずはタイトルですね。タイトルは内容を表すもので、文字数は多くないほうがいいです。それに、覚えやすいのも重要です。企画案を通すために、収集した情報を紹介するところは企画の環境です。正しさ、公正、説得力があること。企画案の中で、一番重要なのは企画内容で、目的を達成するための行動的な具体的な提案です。企画書は完璧なものではないですので、現時点で考え得る問題点を企画案に記入必要ですね。企画効果は一番期待されている項目ですね。これは現階段で予測できる効果ですね。大体そうですね。一緒に作成するとき、問題があれば、いつでも聞いてくださいね。

丸ちゃん：なるほど。ありがとうございます。

小丸子：我还没有写过企划案呢。

李：　　没有关系，基本上就按照5W1H来考虑。

小丸子：5W1H是什么？

李：　　5W1H就是when、where、who、why、what、how。也就是什么时候、哪里、谁、为什么、什么和怎么做。具体说来就是什么时候实施、在哪里实施、客户是谁、企划的背景是什么、企划的内容是什么、实施的方法是什么。

小丸子：这样啊，那还有其他要素吗？

李：　　嗯，这个企划案的目标是什么、期待的效果是什么、企化案的预算是多少等也很重要。

小丸子：为了企划案的通过，必须要准备很多东西啊。

李：　　是啊，为了通过，必须要写清楚为了什么而企划，企划的目的以及这个企划能够产生的效果。一般来说，企划案由以下部分构成：企划案的标题、环

境、理念、目的、内容、问题点、效果、预算、日程、资料和参考事例，等等。

小丸子：这样啊。那么各个部分都有必须要注意的点吗？

李：是啊，有的。那么，我就按顺序说一下。首先是标题。标题是表示内容的东西，文字不能太多，而且容易被记住是很重要的。为了通过企划案，介绍收集到的信息的部分是企划的环境。要正确、公正、有说服力。在企划案中，最最重要的就是企划的内容，为了达成目的的具体的可实施的提案。企划案不是完美的东西，在现在这个阶段能够考虑到的会出现的问题要写在企划案里。企划效果是最被大家期待的项目。这个是现阶段推测的效果。大概就是这样吧。一起制作企划案的时候，如果有问题，请随时再问。

小丸子：这样啊，好的。

小丸子的日语词汇百宝箱

1. 企画（きかく） 企划、计划
2. 向け（むけ） 面向
3. 拍手（はくしゅ） 拍手、鼓掌
4. 重視（じゅうし） 重视
5. 向かう（むかう） 朝着、对着、出门、前往、接近

6. **協力（きょうりょく）** 协力、协作、合作

7. **実施（じっし）** 实施

8. **要素（ようそ）** 要素、因素、成分、元素

9. **狙う（ねらう）** 瞄准、期望得到、想得到

10. **予算（よさん）** 预算

11. **構成（こうせい）** 构成

12. **タイトル** 题目、标题

13. **収集（しゅうしゅう）** 收集

14. **達成（たっせい）** 达成

15. **予測（よそく）** 预测

小丸子的日语文法百宝箱

～に違いない

意义 一定是……、肯定是……

接续 名词／形容动词＋である＋に違いない

形容词＋に違いない

动词连体形＋に違いない

⚙ **みなさんの力になれるに違いないと思います。**

肯定会帮得到大家的。

⚙ **なんで嬉しそうな顔していますか。きっといいニュースが
あるに違いないでしょう？**

为什么一脸高兴的表情啊？一定是有好的消息吧？

⚙ こんなにすごい商品なのに、値段が低いのは信じられない。

将来にはきっと値段アップに違いないと思います。

不敢相信这么好的商品却这么便宜，我想将来一定会涨价的。

⚙ 新製品のため、まじめに作ってくれた外装は、きっときれ

いであるに違いない。

为了新产品，这么认真地做了外包装，一定很漂亮。

小丸子 的 每日一练

利用课中学习的单词完成下列句子：

1. 歓迎なんて、必要は必要だけど、そんなに精を出して_____必要が
   ないでしょ？

2. 上司に_____されれば_____されるほど、肩にの負担が重くなって
   いく感じしています。

3. 今回開発した新食品は若者_____の食品ですが、以外には大人の間
   にも大人気もあります。

4. 言い訳がなく、予定通り_____してください。

5. 優秀賞を_____、精一杯頑張っているじゃん？

6. この企画書の_____を見ると、企画書の内容が大体分かります。い
   いじゃないですか。

7. 目標_____のため、毎日徹夜したら、体を壊れるよ。

8. アンケート調査で_____した情報は何かミスがないでしょうか。

答 案

1. 拍手   2. 重視、重視   3. 向け

4. 実施   5. 狙って   6. タイトル

7. 達成   8. 収集

小丸子 的 职场经

在企划部里，小丸子学到的第一个很重要的知识就是5W1H。在日本的其他工作场所，特别是工厂等，被重视的还有5S。5S指的是什么呢？现在就由小丸子为大家介绍一下：5S是整理、整顿、清扫、清洁、素养的意思。作为中国人的我们一定很奇怪，为什么这几个会被称为5S呢？这就和整理、整顿、清扫、清洁、素养的日文读法有很大关系了。这些词汇在日文中的拼写分别是：せいり、せいとん、せいそう、せいけつ、そよう。罗马拼写想必大家也都知道了，那就是seiri、seiton、seisou、seiketsu、soyou，每一个词汇都是以S开头的，所以才被称为5S。所以以后在日本工厂参观，看到5S时，大家就不会迷茫了吧。

第17课

心里美滋滋
——新企划案通过了

会話1 丸ちゃんは企画案を池田部長に提出しています

小丸子把企划案交给池田部长

丸ちゃん：池田部長、この企画案ができました。どうぞご確認願いいたします。

池田：偉いね。そんなに短い時間にできたのは。

丸ちゃん：いいえ。皆さんの一緒に頑張った結果ですからね。

池田：後では僕は取引先との打ち合わせがあるんで、とりあえず、この企画案を私の机に置いて、戻ったら、確認するなあ。もし訂正必要があったら、また呼ぶね。

丸ちゃん：はい、了解いたしました。それでは、部長のオフィスの机に置いときます。いつもお呼びくださいね。お待ちしております。

小丸子： 池田部长，这个企划案已经做好了。请您确认。

池田： 了不起啊。这么短的时间就能完成。

小丸子： 没有，都是大家一起努力的结果啊。

池田： 我一会和供应商有一个商谈。暂时先把企划案放在
我的桌子上，等我回来后再确认。如果需要改正的
话，我再叫你。

小丸子： 好的，知道了。那么我先放在部长办公室的桌子上
了。您随时都可以叫我们。我们等着。

会話2 池田部長との会議中

和池田部长开会中

池田 ：みんな、企画案について、いくつかの話したいことがあ
るから、5分後で、会議室で集まってください。

皆 ：はい、了解いたしました。

（5分後）

池田 ：こんなに短い時間に、このようなすばらしい企画案がで
きて、本当に偉いと思います。協力してくれる丸ちゃん
を始め、皆さん、お疲れ様でした。しかし、僕からいく
つかのアドバイスがあるんで、参考してもらって、適当
に訂正してほしいんだけどね。企画案の構成は問題ない

けれども、その中の具体的な項目については、話したいだね。まずは、企画案の目的はさ、そんなに明確じゃないと思うから、なんで、何のために、この企画案を立つのかもっと明確にしてほしいだけどね。それに、アンケートで調査してもらったらしいだよね。ここにはアンケート対象は何歳から、何歳まで明確にしたほうがいいと思うけどね。なぜかというと、これは新製品のお客様の年齢と関わっているからね。この新製品はどんなお客様むけの商品か、どんなお客様はこの新製品に合うかと関わっているからだよね。後は、この実施方法のことなんだけどね、宣伝方法は、新聞や、雑誌や、テレビ広告って書かれているんだけどね。現在の流行している、特に中国で対象お客様の中に一番流行している宣伝方法は何か知ってます？3G携帯で携帯新聞やニュースがあるじゃないですか？もしそれを追加したらどうかなあって。はい、上記の3点をよく考えて、訂正して、来週月曜日のお昼まで、もう一度僕まで提出してくださいね。頑張ってなあ。お疲れえ。

（会議完了後）

丸ちゃん：必ず合格だと思ったのにね。やっぱり問題があったなあ。

李：落ち込んでいるはだめよ。元気出してね。これは正常ですよ。1回だけでのパスは私は経験したことが一度もな

いんです。池田部長さんのご指摘によって、この3点を
もう一度やり直しましょう。次回は必ずパスできると信
じています。今回は問題点三つだけですからね。前の企
画案ですが、このようなA4サイズの紙には全部問題点
ですよ。全部。それと比べて、三つは少なくないじゃな
いですか。

丸ちゃん: それは確かにですね。

池田: 大家，有关这个企划案我有几点想说的，5分钟后请
在会议室集合。

大家: 好的，知道了。

（5分钟后）

池田: 在这么短的时间内，能够做出这么出色的企划案，
我认为真的是一件非常了不起的事。以支援我们的
丸子小姐为首的大家，你们辛苦了。但是，我还
是有几个意见，请大家参考，然后请适当地改正一
下。企划案的构成没有问题，就是想说说其中几个
具体的项目。首先，企划案的目的不是那么的明
确，为什么、为了什么立这个企划案，希望能够写
得再明确一些。另外，好像采用了民意问卷调查
啊。我觉得在这里如果能够明确地写上调查的对象
是从多少岁到多少岁更好。为什么这么说呢？因为
这个和新产品的顾客的年龄相关。这个新产品是面
向什么样的客户的？什么样的客户适合这样的新产

品？还有就是，这个实施方法，这里写着宣传方法，有报纸、杂志和电视广告。现在最流行的，特别是在中国的目标对象人群中最流行的宣传方法是什么，你们知道吗？不是在3G手机中有手机报和新闻吗？如果能将这个加进去的话会怎样呢？好了，请大家认真考虑以上三点，修改一下，在下周一中午前再一次交给我。加油啊。辛苦了。

（会议结束后）

小丸子：我本来想一定会合格的。结果还是有问题啊。

李：不要失落啊，要打起精神来。这很正常啊。我还没有经历过一次就通过的企划呢。把池田部长指出的这三点再改正一下吧。我相信下次一定能通过。因为这次只有三个问题点啊。上次的企划案啊，这么大的A4纸上全部都是问题点，全部哦。和那个相比，三个不是太少了吗？

小丸子：那倒是。

会話3

池田部長は企画案通したと公布しました

池田部长宣布企划案通过

池田：皆さん、もう一度企画案を提出してもらって、ありがとうございます。僕が言った三つの問題点は全部ちゃんと訂正してもらったから、お疲れ様でした。それじゃ、こ

れを最終版にして、行いましょう！販売成功するまで、

続いて頑張ってください。

皆　　　：はい、ありがとうございます。精一杯頑張ります。

丸ちゃん：やった。通した。

李　　　：そうですね。よかったね。

池田：　非常感谢大家再次提交这个企划案。我所说的那三
　　　　个问题全部都改好了，真是辛苦大家了。那么我们
　　　　就以这个为最终版本进行吧。直到销售成功，请大
　　　　家继续努力。

大家：　好的，谢谢您。我们会非常努力的。

小丸子：太好了，通过了。

李：　　是啊，太好了。

小丸子的日语词汇百宝箱

1. 偉い（えらい）出色的、非凡的、了不起的
2. 適当（てきとう）适当、适宜、恰当，正好
3. 訂正（ていせい）订正、改正
4. 項目（こうもく）项目、预算等的项目、目录、索引
5. アンケート 问卷调查
6. 流行（りゅうこう）流行
7. 追加（ついか）追加
8. 落ち込む（おちこむ）情绪低落、气馁、掉进、陷进、陷入不良状态
9. 指摘（してき）指出
10. やり直す（やりなおす）重新做

小丸子的日语文法百宝箱

～をはじめ

意义　以……为首

接续　名词＋をはじめ

🌼 **協力してくれる丸ちゃんを始め、皆さん、お疲れ様でした。**

　　以支援我们的小丸子小姐为首的大家，你们辛苦了。

🌼 社長をはじめ、部長も課長もここにお越しいただき、光栄です。

　　以社长为首，部长和科长都来了，真是我们的荣幸。

😊 それでは、担当者をはじめ、皆さん、順番に一言をいただきます。

接下来，让我们以负责人为首，大家都按照顺序说一句。

小丸子的 毎日一练

利用课中学习的单词完成下列句子：

1. 発想は_____ですけど、現在の技術でできるかなぁ。

2. 全部ではなくて、_____に翻訳してもらってもいいですって。

3. この報告書の誤りは_____してもらえませんか。

4. 今から、情報収集のため、_____調査へ向かってきます。

5. 若者の間に、今_____している携帯は何ですか。

6. 私の意見をレポートに_____して、再度_____なさい。

7. _____のはダメなのよ。元気を出さないと、仕事できないでしょう？

8. 今回のいろいろな点をご_____いたたき、ありがとうございます。

答案

1. 偉い　　　　2. 適当　　　　3. 訂正
4. アンケート　5. 流行　　　　6. 追加、やり直し
7. 落ち込んでいる　8. 指摘

小丸子 的 职场经

在这次企划制作中，小丸子学到一个很重要的日资企业的秘诀——"报·联·商"文化。

"报"是指报告，"联"是指联络，"商"是指商谈，即报告、联络、商谈。这其中又有什么内涵呢？"报告"是指上下级之间的垂直沟通；"联络"是指与同事间、部门间、客户间的水平沟通；"商谈"是指在遇到问题苦于判断、犹豫不决时，积极听取上级或者老员工的参考意见，决定处理方案。这是沟通的秘诀，也是重要的企业文化。小丸子在日本工作，无论是在自己的公司还是在其他客户公司或者在协作公司的墙上，除了贴有自己公司的方针外，一定贴有"报·联·商"这样的牌子，以用来警醒员工这个沟通秘诀的重要性。在日资企业，是很重视团队合作精神的，一个人即使个人能力再强，如果无法与同事沟通与协作，也一定不会是一名合格的好员工。

第18课

好像败露了
——庆祝新企划通过的聚会

会話1

丸ちゃんは新ちゃんと話しています

小丸子和小新在谈话

新ちゃん：丸ちゃん、企画案パスしたそうだね。

丸ちゃん：やあ、耳が早いだよね。さっき池田部長が公布したばか
りなのに。

新ちゃん：おめでとう。丸ちゃんが始めて参加した企画案は2回目
で通したのはすごい。彼氏としての僕は誇りを持ってる
よ。

丸ちゃん：誰も知らないでしょう？新ちゃんは私の彼氏のことを。

新ちゃん：残念だけど、仕方がないんだ。そうだ、お祝いパーティー
をしない？

丸ちゃん：えっ？お祝いパーティー？何のため？

新ちゃん：僕の彼女の企画案 2 回目でパスのため。

丸ちゃん：二人きりで？

新ちゃん：いいえ、企画部、商品部と秘書課の皆と一緒にどう？僕
が皆さんを呼ぶから、大丈夫。時間と場所を連絡するよ。
待っててね。カラオケでいいの？ 19 時から晩御飯付き
みたいんで。

丸ちゃん：いいよ。何人を招待するの？

新ちゃん：そうだね。日本の KTV 部屋のスペースに限りがあるんだね。
丸ちゃんと仲良くしているのは、辻野さん、李さんと私
の友達 3 人で、計 7 人でいいんだよね。

丸ちゃん：いいわよ。

小新： 小丸子，听说企划案通过了。

小丸子： 呀，你的消息很灵通啊。明明是池田部长刚刚宣布

的消息。

小新： 恭喜啊。小丸子第一次参加的企划案，两次就通过

了，真的很了不起啊。作为男朋友的我感到很骄

傲。

小丸子： 没人知道吧？小新是我男朋友的事情。

小新： 很遗憾啊，但是也没有办法。对了。我们举办庆功

会怎么样？

小丸子： 啊？庆功会？为了什么的庆功会？

小新： 为庆祝我女朋友的企划案两次就通过的庆功会啊。

小丸子： 就我们两个人吗？

小新： 不啊，和企划部、商品部、秘书科的大家一起怎么

样？我来叫大家，没关系的。时间和地点我再联系

你。等着啊。卡拉OK可以吗？从19点开始好像有晚

饭呢。

小丸子： 好啊，但是想邀请几个人呢？

小新： 嗯。日本KTV的房间空间有限啊。和小丸子要好的

有辻野、小李还有我的三个朋友，一共七个人可以

吗？

小丸子： 可以啊。

会話2　カラオケでお祝いを行われています

在卡拉OK开庆功会

新ちゃん：着きました。ここですよ。皆さん、ここでお祝いしましょうね。

皆　　　：はい。

李　　　：すごくいい KTV ですよね。高いに違いないでしょう？

新ちゃん：ご心配なく。今日は僕がおごりますから。よく楽しんでね。

辻野　　：えっ？何でですか。今日のお祝いは丸ちゃんと李さんのためじゃないですか。それに企画案を通したのはこの二人ですよね。なんでおごるのは新さんですか。おかしいですね。もしかして、二人の中の一人と何かありましたか。

丸ちゃん：そんなことやめてよ。余計なお世話だよ。明日香。カラオケが大好きじゃない？重要なのは誰がおごることの代わり、楽しんでいくことでしょう？

辻野　　：えっ？何で？何で？何で顔が急に赤くなってきたの？もしかして、二人は付き合ってる？

新ちゃん：じゃあ、そんな話はここで。今から丸ちゃんと李さんの成功のため乾杯しましょう！私たちの友誼のため、乾杯しましょう！

辻野 ：おかしいなあ。丸ちゃん？ちゃん？李さん？さん？呼び
方が違いますね。二人は必ずなんかあったのか。

新ちゃん：企画案パス、おめでとうございます。これからもよろし
くお願いします。われわれ商品部のために、よくよく素
敵な企画案を立ててください。このため、僕がおごる
ことにしました。誤解しないでくださいね。辻野さん。

（お祝い完了後）

丸ちゃん：バレちゃったみたいなあ。私たちの関係。危ないなあ。

新ちゃん：大丈夫だよ。仲良くしている友達ですから、何か見えたら、
内緒にしてくれるから、安心してね。

丸ちゃん：友達といえども、言い出しちゃうかもね。

小新： 到了。就是这里。大家在这里庆祝吧。

大家： 好的。

李： 好棒的KTV啊。一定很贵吧？

小新： 不要担心，今天我请大家，请尽兴。

辻野： 啊？为什么啊？今天的庆功会不是为了小丸子和小
李吗？企划案通过的不是这两个人吗？为什么请客
的人却是小新先生呢？好奇怪啊。难道你和其中的
某一位发生了什么吗？

小丸子：不要那么说。你真多事啊明日香。你不是很喜欢卡
拉OK吗？重要的不是谁请客，而是尽兴吧？

辻野： 啊？为什么？为什么？为什么脸一下子红了？难道
你们两个人在交往？

小新: 好了，这个话题到此为止。现在开始，为了小丸子和李小姐的成功干杯！为了我们的友谊干杯！

辻野: 奇怪啊。小丸子？小？李小姐？小姐？称呼不一样啊。两个人肯定有什么的。

小新: 恭喜你们企划案通过。今后也请多多关照。为了我们商品部要好好地做出好的企划案啊。为了这个，我今天请客。不要误会啊，辻野小姐。

（庆功会结束后）

小丸子: 是不是暴露了啊？我们的关系。好危险啊。

小新: 没关系。都是关系很好的朋友，如果被看出了什么，也一定会保守秘密的。放心吧。

小丸子: 即使是朋友，也有可能说出去啊。

小丸子的日语词汇百宝箱

1. 耳が早い（みみがはやい） 消息灵通

2. 公布（こうふ） 公布

3. 誇り（ほこり） 骄傲

4. 招待（しょうたい） 招待

5. スペース 空间、地方

6. 仲良い（なかよい） 关系好

7. おごる 请客

8. 内緒（ないしょ） 秘密

小丸子的日语文法百宝箱

～といえども

意义　即使……、虽说……

🌸 **友達といえども、言い出しちゃうかもね。**

即使是朋友，也有可能说出去啊。

🌸 社長といえども、経営方針が間違ったこともあります。

即使是社长，经营方针也有错的时候。

小丸子的 每日一练

利用课中学习的单词完成下列句子：

1. 私が決めたばかりなのに、何で知ってるの？＿＿＿＿＿だね。

2. 社内恋愛禁止規則が＿＿＿＿＿されました。

3. 手伝ってもらえるのは私の＿＿＿＿＿です。

4. 友人を＿＿＿＿＿するとき、いろいろ話ししたりするのは楽しかったです。

5. 倉庫には＿＿＿＿＿がないため、借増えてもらえませんか。

6. 同僚の間に、＿＿＿＿＿くして、一緒に頑張ってください。

7. うそついたことを他の人に言わないで、＿＿＿＿＿にしてお願いします。

小·丸子 的日语征服记

答 案

1. 耳が早い　　2. 公布　　3. 誇り

4. 招待　　5. スペース　　6. 仲良

7. 内緒

小丸子的职场经

　　在日本，日本人都非常喜欢卡拉OK。所以感觉走在大街上卡拉OK遍地都是，大小不一、各种各样。大家可以根据自己的喜好选择不同的地方。朋友聚会、公司聚会后若余兴未了都可以去卡拉OK。有的卡拉OK真的特别小，不知道能否称得上是卡拉OK。小丸子有一次和几个朋友一起去的一个就是非常非常小的卡拉OK，在中国根本都找不到类似的，根本没有包厢，就是一个小房间，里面能容纳5-6个人，大家就在吧台前坐着唱歌，可以点吧台上的酒和食物。作为中国人的小丸子虽然不是特别习惯这种方式，但是据说在日本这种情况是不少的，也算是体验了一下别样的KTV吧。

首次出差
——小丸子一手包办策划所有

池田　：丸さんのおかげで、今度の企画案が大成功だね。協力し
　　　　てくれて、ありがとうなあ。

丸ちゃん：いいえ。そうなことはありません。皆さんの一緒に頑張っ
　　　　た成功だと思います。それに、企画に関しては、何にも
　　　　分からない私は、池田部長をはじめ企画部の皆さんから、
　　　　手伝っていただいて、心より感謝の気持ちを持っていま
　　　　す。

池田　：もうひとつ協力してほしいことがあるんだけど。皆さん
　　　　の相談した結果、丸さんが中国へ出張することになりま
　　　　した。なぜならば、丸さんはこの企画案の企画メンバー

の一人で、企画案をよく理解できて、東井中国の皆さん
にも企画の旨をちゃんと伝えるからね。元々は丸さんの
先輩の李さんを出張させたいんだけど、李さんは丸さん
のことを推薦してた。実家は北京だよね。今回の出張の
きっかけに、故郷の親を会いに行ったら。

丸ちゃん:　そうですね。もうすぐ1年ぶりですね。ご配慮をいただき、
本当にありがとうございます。出張は私一人ですか。

池田　　:　いいえ、開発部の田中さんと一緒に。田中さんは出国し
たことがないから、今回の出張手続きなどを丸ちゃんに
頼む？

丸ちゃん:　はい、任せてください。手配いたします。

> **池田:**　多亏了小丸子，这次的企划案很成功啊。谢谢你的
> 帮助啊。
>
> **小丸子:**　不，没什么。都是大家一起努力取得的成功。而
> 且，关于企划，我什么都不懂，以池田部长为首的
> 企划部的各位那么帮助我，我真的从心里表示感
> 谢。
>
> **池田:**　还有一件需要你帮助的事情。我们大家商量的结果
> 是让小丸子去中国出差。为什么这样呢，因为小丸
> 子是这次企划案的企划一员，能够很好地理解这个
> 企划案，能够很好地把企划案的意思传达给东井中

——小丸子一手包办策划所有

国的各位。本来我想派小丸子的前辈李小姐去的，但是李小姐推荐了小丸子你。你的老家在北京吧。正好趁着这次出差的机会，去见见故乡的父母。

小丸子： 是啊，都已经快一年没见父母了。非常感谢您这么为我着想。是我一个人去出差吗？

池田： 不是，你和开发部的田中一起。田中先生也没有出过国。这次的出差手续什么的可以拜托给丸子小姐吗？

小丸子： 好的，请交给我吧，我会安排的。

会話2

丸ちゃんはチケットを予約しています

小丸子在预订机票

社員 ：はい、こちらはブッキングオフィスでございます。どんなご用件でしょうか。

丸ちゃん：すみませんが、北京行きのチケット二枚を予約したいのですが…

社員 ：航空会社はご指定になりますでしょうか。

丸ちゃん：そうですね。それは指定はないんですけど。中国国際航空のほうがもっとよいと思いますが。

社員 ：ご出発はいつになりますでしょうか。

丸ちゃん：30 日で、今週の日曜日です。

社員　　：往復ですか。それとも片道ですか。

丸ちゃん：そうですね。これは仕事なりのことで、いつ帰られるか
　　　　　よく分かりませんので、とりあえず片道でお願いします。

社員　　：お客様、申し訳ございませんが、ご希望の日には、直行
　　　　　便はございませんので、もしよろしければ、乗り換え便
　　　　　でよろしいでしょうか。

丸ちゃん：どこで乗り換えでしょうか。

社員　　：青島で、北京に到着するのは午後 16 時で大丈夫でしょ
　　　　　うか。

丸ちゃん：はい。それでは、その便のビジネスクラスでお願いします。

社員　　：お客様のパスポートを拝見させてください。

丸ちゃん：はい、上司のと私のとをどうぞ。

社員　　：予約完了いたしました。確認させていただきたいですが、
　　　　　田中様と丸様の名前で中国国際航空 CA195 便のビジネ
　　　　　スクラス 2 枚を予約させていただきました。ご出発は 30
　　　　　日お昼の 11:30 となり、現地時間 14:30 に青島で乗り換
　　　　　えとなり、現地時間 16:00 に北京に到着予定で大丈夫で
　　　　　しょうね。

丸ちゃん：はい、問題ありません。

——小丸子一手包办策划所有

社员： 您好，这里是订票处。请问有什么可以帮您吗？

小丸子：不好意思，我想订两张去北京的机票。

社员： 有指定的航空公司吗？

小丸子：这个啊，没有指定的。不过中国国际航空的话会更好些。

社员： 您什么时候出发？

小丸子：30号，这周的周日。

社员： 是往返还是单程呢？

小丸子：这个啊，这个是由工作决定的事情，还不知道什么时候回来呢。所以请先订单程的吧。

社员： 顾客，不好意思，您希望的那天没有直飞的航班，如果可以的话，转机的（航班）行吗？

小丸子：请问在哪里转机呢？

社员： 在青岛转机，到北京大概是下午16点，可以吗？

小丸子： 可以。那么就要那个航班的商务舱吧。

社员： 请出示您的护照。

小丸子： 好的，这是我上司的和我的。

社员： 已经预约好了。和您确认一下，预约的是田中先生
和丸子小姐的中国国际航空公司CA195航班的商务
舱的两张机票。30日中午11：30出发，当地时间
14:30在青岛转机，然后预计到达北京的时间是当地
时间16:00。没有问题吧？

小丸子： 是的，没有问题。

会話3 丸ちゃんはホテルを予約しています

小丸子预约宾馆

ホテル ：はい、こちらは北京ホテルでございます。どんなご用件
はございますか。

丸ちゃん ：東京から掛けたお電話です。私はシングルルーム二つを
予約したいのですが。

ホテル ：宿泊日を教えていただけますか。

丸ちゃん ：はい、30日にチェックインして、10日にチェックアウ
トしますから、全部で10日間です。

ホテル ：調べる時間をいただきますので、少々お待ちください。
30日から来月10日までの10日間でですね。

丸ちゃん：はい、その通りです。

ホテル　：申し訳ございませんが、シングルルームはひとつしかございませんので、もう一室はダブルルームでよろしいでしょうか。

丸ちゃん：そうなんですか。仕方がなく、それをお願いします。あっ、延期可能でしょうか。

ホテル　：はい、可能でございます。お客様のお名前をいただけますでしょうか。

丸ちゃん：はい、田中宗寛と丸です。

ホテル　：はい、かしこまりました。30日から、来月10日までの10日間、田中様のお名前でダブルルーム、丸様のお名前でシングルルームを予約させていただきました。

丸ちゃん：ありがとうございました。

宾馆：　您好，这里是北京饭店，请问有什么可以帮您的？

小丸子：这是从东京打来的电话。我想预约两个单人间。

宾馆：　能告诉我一下住宿日吗？

小丸子：好的。30号入住，10号退房。一共是10天。

宾馆：　我需要查一下，请您稍等。是从30号到下个月10号的10天是吧？

小丸子：是的，就是那样。

宾馆：　非常抱歉，现在就剩下一个单人间了，另外一个预约双人间可以吗？

小丸子： 这样啊。那也没有办法，就那样定吧。啊，可以延期吗？

宾馆： 是的，可以的。请告诉我一下客人的名字。

小丸子： 好的，田中宗宽和丸子。

宾馆： 好的，知道了。从30号到下个月10号的10天，我用田中先生的名字预约了双人间，用丸子小姐的名字预约了单人间。

小丸子： 谢谢。

小丸子的日语词汇百宝箱

1. **推薦（すいせん）** 推荐

2. **実家（じっか）** 娘家、老家、父母家

3. **きっかけ** 机会、契机、机缘

4. **手配（てはい）** 安排、准备、筹备、通缉

5. **チケット** 票、券

6. **ブッキング** 预定

7. **予約（よやく）** 预约

8. **指定（してい）** 指定

9. **往復（おうふく）** 往返

10. **片道（かたみち）** 单程

11. **直行便（ちょっこうびん）** 直飞

12. **乗り換え（のりかえ）** 换乘

13. **ビジネスクラス** 商务舱

14. **拝見（はいけん）** 拜见、瞻仰

15. **宿泊（しゅくはく）** 投宿、住宿

16. **延期（えんき）** 延期

小丸子的日语文法百宝箱

～をきっかけに

意义 以……为契机、机会

接续 名词＋をきっかけに

❀ **今回の出張のきっかけに、故郷の親を会いに行ったら。**

正好趁着这次出差的机会，去见见故乡的父母。

❀ 彼は就職をきっかけにして、生活を変えました。

他以就职为机会，改变了生活。

❀ 今回の会議のきっかけに、よくよく和解しましょう。

我们以这次的会议为契机，好好地和解吧。

小丸子的每日一练

利用课中学习的单词完成下列句子：

1. 今回の出国、いろいろ＿＿＿＿＿してくれて、本当に嬉しいよ。

2. 課長の＿＿＿＿＿のおかげで、私は昇進しました。

3. 私は東京出身ではなくて、＿＿＿＿＿は京都です。

4. 北海道へ旅行へ行きたいんですが、＿＿＿＿＿をどうやって手に入れる？

5. 何名様ですか。ご＿＿＿席がございますか。禁煙席でよろしいでしょうか。

6. 今チケットを＿＿＿中なので、＿＿＿と＿＿＿とどちらがいいでしょうか。

7. 東京から西川まで、＿＿＿がありませんので、＿＿＿が必要です。

8. 私の駐在期間は3か月間＿＿＿されました。

答案

1. 手配	2. 推薦	3. 実家
4. チケット	5. 指定	6. ブッキング、往復、片道
7. 直行便、乗り換え		8. 延期

小丸子的职场经

　　日本是一个非常重视礼仪的民族，"报告"这件事情在公司内是一个非常重要的礼仪。出差也是一样，不要认为出差在外，不是在公司内部就不用遵守各种规矩了，其实不然。因为是公司派员工去出差的，一切费用由公司承担，所以一定要定时报告并告知自己的行程和工作进展状况。一般情况下，一天一次的联络是必要的，如果真的没有其他事情值得报告，也要几天联络一次。出差回来以后向出差所在地通知一下自己已经安全回到本公司等也是一般的商务礼仪。

　　所以，大家千万不要忽视"报告"这件事在你职业生涯中的重要性哦。

第20课

在故乡出差
——小丸子安排日程

会話1

丸ちゃんは田中さんへ出張情報に関するメールを送っています

小丸子在给田中先生发关于出差信息的邮件

田中様：

　お疲れ様です。

　今回田中様と一緒に中国へ出張できて、光栄で、嬉しくと思います。

　それでは、出張情報をご連絡いたしますので、どうぞご確認の程、申し上げます。

フライト：中国国際航空 CA195

空　　港：成田空港

出発時間：30 日 11:30（日本時間）

乗り換え：青島

到着時間：30 日 16:00（現地時間）

集合時間：30 日 9:30

集合場所：成田空港　国際出発　中国国際航空受付の前

宿泊ホテル：北京ホテル

部屋予約：田中様のお名前で、ダブルルーム予約済（シングルルーム一つのみのため）

　パスポートを必ずお持ちいただけばと思います。もし何か不明点がありましたら、お気軽るに、どうぞお問い合わせてください。

　田中様とのご出張を楽しみにしております。

　何卒よろしくお願いいたします。

　　　　　田中先生：

　　　　　　工作辛苦了。

　　　　　　这次能够和田中先生一起到中国出差，我感到非常荣幸，并且高兴。

　　　　　　那么下面就跟您联系一下本次出差的信息，请您确认。

　　　　　航班：中国国际航空CA195

　　　　　机场：成田机场

　　　　　出发时间：30日11:30（日本时间）

　　　　　换乘：青岛

　　　　　到达时间：30日16:00（当地时间）

　　　　　集合时间：30日9:30

集合地点：成田机场 国际出发 中国国际航空询问处前

入住宾馆：北京饭店

房间预订：用田中先生的名字预约了双人间（因为只剩下一间单人间）

请一定带好您的护照。如果有什么不明白的地方，不要客气请随时问。

期待着和田中先生一起出差。

多多拜托。

会話2

中国に着きました

到了中国

丸ちゃん：やっと着きました。長い道中ですね。お疲れ様でした。

田中　：お疲れ様です。中国へ始めてですので、何卒よろしくお願いします。荷物はどこで取れますか。

丸ちゃん：あそこです。私についてきてください。

田中　：これは首都国際空港ですね。

丸ちゃん：はい、これは T3 ターミナルです。国際出発到着は一般的にはここの T3 です。もちろん、T2 でもあります。

田中　：すごいですね。すごく広いですね。

丸ちゃん：確かにですね。今日は日曜日ですから、東井中国の同僚たちは休みますから、出迎えないですね。大丈夫ですね。

田中 : いいえ。僕は全然大丈夫です。丸さんがいますからね。丸さんは北京出身ですね。

丸ちゃん : はい、そうです。もう北京を離れてからもうすぐ1年ですね。故郷の空気はいいですね。出迎い車がありませんから、私たちは空港バスでホテルへ向かいますか。それともタクシーでですか。

田中 : 全部丸さんに頼みます。私は何にもよく分かってないですから。

丸ちゃん : 空港バスのチケットは一人で16元で、安いですが、ちょっと不便だと思います。荷物は多いですから。それなら、タクシーにしましょう!

小丸子：终于到了。好长的旅途啊。辛苦了。

田中：　辛苦了。我是第一次来中国，还请多多关照啊。在哪里取行李呢？

小丸子：在那边，请跟我来。

田中：　这里就是首都国际机场啊。

小丸子：是的，这里是T3航站楼。国际出发和到达一般都在这个T3航站楼。当然也有在T2的。

田中：　真厉害啊。这么大啊。

小丸子：确实是啊。今天是周日，东井中国的同事今天都休息，所以没有人能来接我们，没有关系吧。

田中：　没有，我完全没有关系。因为有丸子小姐在呢。丸子小姐是北京人吧。

小丸子：嗯，是啊，已经离开北京快一年了，家乡的空气真好啊。因为没有接我们的车，我们是坐机场大巴去宾馆还是坐出租车去呢？

田中：　全部都拜托丸子小姐了。我什么都不明白。

小丸子：机场大巴一个人才16元钱，虽然比较便宜，但是不是很方便。因为我们的行李比较多。那样的话，还是选择坐出租车去吧。

会話3

ホテルで

在宾馆

丸ちゃん：ホテルに着きました。これは中国で有名な北京ホテルです。5星ホテルですよ。

田中：さすが5星ですね。すごいですね。

丸ちゃん：パスポートを渡してもらえますか。私がチェックインしますから。

田中：はい、よろしくお願いします。

丸ちゃん：東京から来た田中と丸です。前日ダブルルーム一つとシングルルーム一つ予約したのですが。これは私たちのパスポートです。チェックインしたいのですが。

ホテル：はい、少々お待ちください。

（チェックイン後）

丸ちゃん：今はもう7時ですね。田中さん、部屋でちょっと休んで、一緒に晩御飯に行きましょうか。美味しい食べ物をおごります。

田中：はい、よろしくお願いします。

（晩御飯中）

丸ちゃん：明日朝8時に東井中国の同僚が出迎えに来ますが。

田中：皆さんに迷惑を掛けますね。

丸ちゃん：そうですね。会社はホテル隣にあって、歩いて 15 分ぐら
　　　　　い掛かりますので、歩いて行けますって伝えましたけど。

田中　　：皆熱意ですね。日本人と違いますね。

丸ちゃん：中国人は確かに親切ですね。大歓迎会があるかなあ。し
　　　　　かし、すべての人が親切わけじゃないですから。

小丸子：到宾馆了。这就是中国有名的北京饭店。五星级饭店。

田中：不愧是五星级饭店。真不错。

小丸子：可以把护照给我吗？我办理一下入住手续。

田中：好的。拜托了。

小丸子：我们是从东京来的田中和丸子。前几天我预约了一
　　　　个双人间和一个单人间。这是我们的护照，想办理
　　　　一下入住手续。

宾馆：好的，请稍等。

（入住手续办理之后）

小丸子：现在已经七点了啊。田中先生，先在房间里稍微休息
　　　　一下，然后我们一起去吃晚饭吧。我请你吃好吃的。

田中：好的，拜托了。

（吃晚饭中）

小丸子：明天早上八点东井中国的同事过来接我们。

田中：真是给大家添麻烦了啊。

小丸子：是啊。公司就在宾馆的旁边，走路过去15分钟左右
　　　　就到了。我已经告诉他们我们可以走路过去的，可是
　　　　……

田中： 大家真热情啊。和日本人不一样。

小丸子： 中国人确实很热情啊，会不会有一个大的欢迎会
啊。但是并不是所有的人都很热情。

小丸子的日语词汇百宝箱

1. アレンジ 安排
2. 情報（じょうほう） 信息
3. 受付（うけつけ） 受理、接受
4. パスポート
护照

> 相关词汇　ビザ 签证

5. 問い合わせ（といあわせ） 询问
6. ターミナル 航站楼
7. 同僚（どうりょう） 同事
8. 熱意（ねつい） 热情、干劲儿

小丸子的日语文法百宝箱

～わけじゃない

意义 并不是……、并非……

❀ **しかし、すべての人が親切わけじゃないですから。**

但是并不是所有的人都很热情。

❀ そう言われても、褒められたわけじゃないでしょう？

即使这样和我说，也并非是表扬我的意思吧？

❀ サラリーマンは毎日毎日仕事ばかりわけじゃないのよ。たまには旅行とかへ行けますよ。

工薪阶层也并非是每天每天都要工作的。偶尔也可以去旅行。

小丸子 的 每日一练

利用课中学习的单词完成下列句子：

1. 今回海外統括との大型会議のスケジュールによって、_____してください。

2. 看板には次回出張_____が書かれています。

3. お客様は_____室でお待ちしています。

4. 出国するとき、必ず_____と_____をお持ちください。

5. 同じ会社に勤めている私たちは_____じゃない？

6. しっかり叱れたのは必ず首になる_____。

答案

1. アレンジ　　　2. 情報　　　3. 受付

4. パスポート、ビザ　　5. 同僚　　6. わけじゃない

小丸子 的 职场经

　　小丸子在和田中先生在中国坐出租车的时候，想起了日本的出租车。和中国有些许不同，请大家听小丸子说说吧。

　　日本的出租车非常干净，司机一般是值得信赖的，一般不用担心上当受骗。坐上出租车以后，车门不用乘客自己关，司机会做这些事情的。日本的出租车是很贵的。日本的汽车又很便宜，所以出租车的生意并没有中国那么好。当你打车的时候，一般不要坐在副驾驶的位置上，因为只有当后排的座位坐不下时，客人才会选择坐在副驾驶的位置上。如果您直接坐在司机旁边，司机会很不安，以为你有什么其他的企图。这一点大家一定要注意哦。

第21课

出差延期
——错过小新的生日

会话1

ホテルロビーで

在宾馆大厅

（丸ちゃんの電話が鳴っています）

丸ちゃん： もしもし、丸です。

陳　　　： もしもし、東井中国の陳と申しますが、8時に出迎えに伺う予定なんですが、ちょっと急に変更がございまして、ご連絡差し上げます。

丸ちゃん： はい、何の変更でしょうか。

陳　　　： 元々は今朝9時の会議がアレンジされているじゃないですか。

丸ちゃん： はい。

陳 　　：今朝、急に大切なお客様が弊社へ訪問との連絡がありま
　　　　して、うちの部長はどうしても接待しなければならない
　　　　ですので、田中さんと丸さんとの会議は午後 1 時に変更
　　　　させていただいてもよろしいでしょうか。大変恐れ入り
　　　　ますが、ご都合はいかがでしょうか。

丸ちゃん：はい、私たちは大丈夫です。

陳 　　：急な変更で大変申し訳ございません。それでは、ホテル
　　　　でよく休んで、私は 12:30 に出迎えに参りますので、ホ
　　　　テルのロビーでお待ちしております。

丸ちゃん：はい、かしこまりました。お願いいたします。

（電話を切った後）

丸ちゃん：田中さん、野口部長が急に大切なお客様を接待しなけれ
　　　　ばいけないので、私たちの会議は午後 1 時に変更になり
　　　　ました。午前中はまずホテルで休みましょう。

田中 　　：そうなんですか。それなら、私たちはこの企画案について、
　　　　一緒に話したらどうかなあと思います。どうせほかの仕
　　　　事がありませんからね。あそこの Starbucks でコーヒー
　　　　を飲みながら、話しましょうか。

丸ちゃん：ええ。そうしよう。

（小丸子的电话响了）

小丸子： 您好，我是丸子。

陈： 您好。我是东井中国的小陈。本来预定今天早上八点去接你们的，可是突然有些变化。跟您联系一下。

小丸子： 嗯，什么变化呢？

陈： 本来不是安排了今天早上九点开会的吗？

小丸子： 是的。

陈： 但是，今天早上重要的客户突然联系我们说要访问我们公司，我们的部长是无论如何都要接待的。所以和田中先生、丸子小姐的会议改到今天下午一点钟可以吗？非常抱歉，你们有时间吗？

小丸子： 好的，我们没有问题。

陈： 对于突然的变化真的非常抱歉。那么你们先在宾馆好好休息，我12:30的时候来接你们。在宾馆大厅等你们。

小丸子： 好的。了解了。拜托你了。

（挂电话后）

小丸子： 田中先生，野口部长突然要接待非常重要的客人，和我们的会议改在下午一点了。上午我们先在宾馆休息吧。

田中： 这样啊。那么我们就一起说说这个企划案吧。反正也没有别的工作。就在那边的星巴克一边喝咖啡一边说说好吗？

小丸子： 好的，就那么办吧。

会話2　東井中国で

在东井中国

野口　：田中さん、丸さん、新製品宣伝のことで、わざわざお越しいただき、真にありがとうございます。今朝は本当に申し訳ないですが。急に重要なお客様が入りましたので。急な変更で、再度お詫びを申し上げます。

田中　：いいえ。たいしたことではないです。大丈夫です。すべて仕事のためですので。

丸ちゃん：野口部長、これ、お土産です。

野口　：おう、ありがとうございます。さあ、そろそろ会議を開きましょうか。

田中　：はい。

（会議室で）

野口　：みなさん。こちらは新製品宣伝において、わざわざ本社から出張していただきました支援者の田中さんと丸さんです。これから、田中さんと丸さんの力を借りさせていただいて、協力していただいて、新製品発表成功を目標にして、一緒に努力しましょう。さて、企画案の説明からスタートしようと思います。企画案を作成者の丸さんの説明をお願い申し上げます。

（企画案説明中）

丸ちゃん：…はい、以上です。ご清聴ありがとうございます。多分
企画案の中に、中国現状と国情に合わない部分があるか
もしれません。私は中国を離れてからもうすぐ１年にな
りますので。もし何か問題がございましたら、どうぞご
意見をいただければと思います。よろしくお願いいたし
ます。

野口：　　田中先生，丸子小姐，非常感谢你们为了新产品的
宣传特地赶来。今天早上十分抱歉。突然有重要的
客人来了，这么突然地变更，再次表示歉意。

田中：　　没关系。不是什么大不了的事情。没关系的。一切
都是为了工作。

小丸子：　野口部长，这是特产。

野口：　　哦，谢谢。那么，我们就开始开会吧。

田中：　　好的。

（在会议室）

野口：　　大家好。这是为了新产品的宣传特意从总部出差过
来支援我们的田中先生和丸子小姐。从现在开始，
我们就借助田中先生和丸子小姐的力量，请他们多
多帮忙，以新产品发表成功为目标一起努力吧。接
下来，想先从企划案的说明开始。请这个企划案的
作成者丸子小姐来做说明。

（企划案说明中）

小丸子：……嗯，就是这些，非常感谢大家的垂听。在这个企划案中可能存在着不符合中国现状和国情的部分。因为我离开中国也快一年了。要是有什么问题的话，还请大家给我们提意见。拜托了。

会話3

丸ちゃんと新ちゃんはMSNでチャットしています

小丸子和小新在MSN上聊天

新ちゃん：丸ちゃんはいつ戻れる？予定通り？明後日は10日だよ。

丸ちゃん：ごめん、多分出張延長かもね。

新ちゃん：なんで？うまく行かなかった？

丸ちゃん：そうだよ。思いかけず意外の事がいっぱいあるんだし、協力してくれない同僚もいるし、ショックしたよ。

新ちゃん：いつまでで決められた？

丸ちゃん：多分15日までかも。

新ちゃん：やばい。私の誕生日を丸ちゃんと一緒に過ごしたいなのにね。

丸ちゃん：そうだよ。一緒にいたいなあ。逸するかもね。ごめん。

新ちゃん：大丈夫だよ。仕事第一だ。プレゼントをもらえば結構で。

小新： 小丸子什么时候能回来啊？按原计划吗？后天就是10号了哦。

小丸子： 对不起了，出差可能要延长了。

小新： 为什么？不顺利吗？

小丸子： 是啊。没想到意外的事情很多，而且还有不配合的同事。真的很受打击啊。

小新： 那决定了到几号了吗？

小丸子： 好像是到15号。

小新： 坏了。本来还想和小丸子一起过我的生日的。

小丸子： 是啊。好想一起啊。可能要错过了。对不起啊。

小新： 没关系。工作第一嘛。给我带礼物就行了。

小丸子的日语词汇百宝箱

1. ずれる　错过、移动、滑动、离题、跑题

2. 鳴く（なく）　响

3. 接待（せったい）　接待

4. 恐れ（おそれ）　恐惧、恭敬、敬畏

5. お詫び（おわび）　道歉、赔罪

6. たいした　了不起、非常

7. 支援者（しえんしゃ）　支援者

8. 目標（もくひょう）　目标

9. 清聴（せいちょう）　垂听

10. 国情（こくじょう）　国情

11. どうせ　无论怎样

12. スタート　开始

小丸子的日语文法百宝箱

～において

意义　在……方面、在……地点

接续　名词＋において

❀ **こちらは新製品宣伝において、わざわざ本社から出張していただきました支援者の田中さんと丸さんです。**

这是为了新产品的宣传特意从总部出差过来支援我们的田中先生和丸子小姐。

❀ **新開発品においては、田中さんは上手です。**

在新产品开发方面，田中很擅长。

小丸子 的 每日一练

利用课中学习的单词完成下列句子：

1. 出張のきっかけに、課長に会いたくても、タイミングは悪くて、いつも_____。

2. 電話が_____いるよ。出てください。

3. 今夜徹夜しなければ、間に合わない_____があります。

4. 今回のご迷惑に対して、本当に_____を申しあげます。

答案

1. ずれました　　　　2. 鳴いて

3. 恐れ　　　　4. お詫び

小丸子的职场经

　　这一次由于客户临时更改时间，小丸子都错过了小新的生日。虽然很遗憾，但是小丸子也从中学到了很重要的知识，那就是日本人对守时的高度重视程度。这一次延迟会议时间，田中先生虽然表面上没说什么，但实际上小丸子可以看出田中先生的些许不满。其实，对日本人而言，严格遵守约定时间是一个重要的礼仪。随意拖延时间、让人久等，等于浪费生命，是一种很失礼的行为。在企业、公共机构，或者与他人碰面时，一定要准确守时。日本的公共交通工具，即使晚点1分钟，车内也一定会播放道歉广播。新干线到达和出发的时间是以15秒为单位设定的。在对时间观念如此严格的环境中成长的日本人，在海外生活时，一定会对外国的时间宽容感到困惑的。小丸子想田中先生这次一定很生气吧。所以大家在日本生活，或者在日资企业工作，或者和日本客户打交道，都一定要注重"守时"这个礼仪。

第22课

负荆请罪
——小丸子亲自做爱情便当

会話1

東井中国で

在东井中国

野口 ：田中さん、丸さん。この半か月、いろいろ協力していた
　　　だいたり、いろいろご相談していただいたり、アドバイ
　　　スをいただいたりすること、本当にありがとうございま
　　　す。もし、わが社のスタッフが何かご迷惑をお掛けいた
　　　しましたら、どうそご容赦ください。中国での思い出は
　　　すごく楽しいものがあるよう願っております。

田中 ：いいえ。そんなにひどいことがありません。野口部長は
　　　言いすぎると思います。ここでのスタッフみんなはよく
　　　協力してくれて、手伝ってくれて、本当にありがたいで

す。それに、日本語が上手なスタッフもいっぱいいます
ね。来る前に、言語の壁があるかなあと思いましたが、
来たら、余計な心配だと気がつきました。ちゃんと通訳
してくれますね。

野口 ：今中国で日本語ができる中国人が多いですね。そろそろ
明日のフライトですね。準備は全部できましたか。

田中 ：まだですね。今夜は忙しい一夜だと思います。いろいろ
片付けなきゃいけないですね。

野口 ：あっ。これ。お土産です。中国で有名なお茶です。皆さ
んにもよろしくとお伝えください。特に池田部長に。あ
りがとうございます。

田中 ：いいえ。こちらこそ本当にありがとうございます。それ
では、新製品の生産から販売まで大成功を祈っています。
頑張ってください。もし何かありましたら、いつでもご
遠慮なく、ご連絡ください。

野口 ：はい、ありがとうございます。それでは、道中ご無事で。

田中 ：失礼いたします。

野口： 田中先生，丸子小姐。这半个月的时间，非常感谢
你们的各种帮助、商量以及建议。如果我们公司的
员工给你们添了什么麻烦的话，请原谅。希望你们
在中国有美好的回忆。

田中： 没有。没有那么严重的事情。是野口部长说的严重了。这里的员工都很配合我们、帮助我们，真的非常感谢。而且日语很好的员工也有很多啊。来之前，我还在想会不会有语言障碍啊。来了以后，才发现这个担心是多余的。能够给我翻译得很好呢。

野口： 现在在中国会日语的中国人很多。差不多是明天的飞机吧。准备全都做好了吗？

田中： 还没有。今天晚上是很忙的一夜啊。必须得收拾很多东西。

野口： 啊，这个。这是土特产。是在中国很有名的茶。请代我向大家问好。特别是池田部长。谢谢啊。

田中： 没有。真的是我们要感谢你才是。那么，衷心祝福新产品从生产到销售都获得大成功。加油吧。如果有什么的话，请不要客气，随时联系。

野口： 好的，谢谢了。那么一路顺风。

田中： 告辞了。

会话2 野口部長は本社の関係各位にお礼メールを送っています

野口部长在给总部的相关各位发感谢邮件

関係各位：

お疲れ様です。

支援していただいた田中様と丸様のおかげ様で、今回の打ち合わせは大成功で無事に完了いたしました。これより、この企画案に基づいて、生産、宣伝及び販売を中国で行わせていただきたいと思っております。よい結果を期待しております。

なお、結構なプレゼントをいただいて、真にありがとうございます。

新製品の進捗を追ってご連絡申し上げます。

本メールをもって、再度感謝の気持ちを申し上げます。

野口

相关各位：

工作辛苦了。

托了支援我们的田中先生和丸子小姐的福，这次的商谈举办得很成功，平安无事地结束了。从今以后，就根据这个企划案，在中国进行生产、宣传和销售活动。期待着好的结果。

另外，非常感谢带给我们的那么好的礼物。

我会追加联系新产品的进展情况。

以此封邮件，再次表示感谢。

野口

会話3 丸ちゃんは新ちゃんと一緒に晩御飯を食べています

小丸子在和小新吃晚饭

新ちゃん：こっち、こっち。

丸ちゃん：ごめん、遅刻しちゃって。

新ちゃん：遅いわよ。誕生日プレゼントは？

丸ちゃん：そういえば、なんで空港まで出迎えに来なかったの？

新ちゃん：ちょっと理解してよ。田中さんと一緒にじゃないの？秘密恋愛だよ。秘密恋愛。

丸ちゃん：それじゃ、プレゼントない。

新ちゃん：ない？じゃ、これ、何？

丸ちゃん：あっ！ばれた。これは謝罪物。新ちゃんの誕生日を逸したじゃないですか。これは補償だよ。開けてみて。

新ちゃん：うわ。丸ちゃんが自分で作ったの？

丸ちゃん：そうだよ。おいしそうでしょう？食べてみて。

新ちゃん：先に言ってくれたら、別のところで会ったらよかったのにね。丸ちゃんの愛情弁当を食べながら、中国での経験を話してて、どんなにロマンチックでしょ！

丸ちゃん：白昼夢をやめて。これ、本当の誕生日プレゼント。シルクのネクタイ。

新ちゃん：ありがとう。

小新：　　这里，这里。

小丸子：　不好意思，我迟到了。

小新：　　太晚了啊。我的生日礼物呢？

小丸子：　这么说来，为什么没有到机场接我？

小新：　　稍微理解一下吧。你不是和田中先生在一起吗？这
　　　　　是地下情啊，地下情。

小丸子：　那么，没有礼物。

小新：　　没有？那这个是什么？

小丸子：　啊，败露了。这个是赔罪的东西。不是错过了小新
　　　　　的生日吗？这个是补偿。打开看看。

小新：　　哇！是小丸子自己做的吗？

小丸子：　是啊。看上去很好吃吧？尝尝。

小新：　　要是早和我说的话，我们就去别的地方见面了。一
　　　　　边吃着小丸子的爱情盒饭，一边说说在中国的经
　　　　　历。多浪漫啊！

小丸子：　不要做白日梦了。这个是真的生日礼物。真丝领带。

小新：　　谢谢啊。

小丸子的日语词汇百宝箱

1. 荊（いばら）荆棘、刺

2. 処罰（しょばつ）处罚

3. 容赦（ようしゃ）宽恕、关照、姑息

4. 余計（よけい）多余

5. 道中ご無事で（どうちゅうごぶじで）一路顺风

6. 進捗（しんちょく）进展、升职、升官

7. 謝罪（しゃざい）谢罪、赔礼道歉

8. 補償（ほしょう）补偿、赔偿

小丸子的日语文法百宝箱

〜をもって

意义 以此……、根据……

接续 名词＋をもって

❀　**本メールをもって、再度感謝の気持ちを申し上げます。**

以此封邮件，再次表示感谢。

❀ この報告書をもって、今回の結果をご報告いたします。

以这个报告书，向大家报告这次的结果。

❀ ただ今をもって、出荷作業を締め切らせていただきます。

现在，停止办理出库作业。

小丸子的 每日一练

利用课中学习的单词完成下列句子：

1. こんな大きなミスを犯しても、＿＿＿＿がないわけがないですか。

2. 今回の失礼なことに関しては、どうぞご＿＿＿＿ください。

3. あなたと関係ないでしょ？＿＿＿＿なお世話だよ。

4. このシステム上には出荷の＿＿＿＿が反映されていますので、どうぞ
ご覧ください。

5. お客様にお詫びをしようと思って、＿＿＿＿文を書いているところで
す。

6. 今回起こしました損害に対して、多分＿＿＿＿金が多いに違いないで
しょ？

7. 今度のスピーチチャンス＿＿＿＿、ご関係各位様に感謝の気持ちを申
しあげます。

答案

1. 処罰	2. 容赦	3. 余計
4. 進捗	5. 謝罪	6. 補償
7. をもって		

小丸子 的 职场经

　　小丸子和小新的约会总是会选择在公共场所。日本人是很注重公共场所中"公共"这两个字的含义的。他们在公共场所一般不大声喧哗，不大声讲话，不大声打电话。即使打电话，声音也是非常小的，所以到处看上去都比较安静。在餐厅里也是，在地铁里也是，大家讲话都细声细语的。

　　另外，不能随时随地吸烟。在饭店就餐，会有吸烟席和禁烟席之分，在马路上会有专门供大家吸烟的地方。有些人会随身携带便携式烟盒。垃圾桶也不是随处可见的，因为日本的垃圾处理是要收费的，所以在公共场所产生的垃圾，大家一般会自己带回家自行处理。

第23课

员工旅游
——增进彼此的感情

会話1

丸ちゃんは秘書課に戻りました

小丸子回到了秘书科

丸ちゃん：加藤課長、おはようございます。今日はまた秘書課で働いています。よろしくお願いいたします。

加藤　：そうだね。この2か月お疲れ様です。そうだ。もうすぐ社員旅行のシーズンですね。この仕事はいつもわが秘書課が企画した活動で、今度成功した企画案成功の経験で社員旅行を企画してみて。前はずっと辻野がやってたから、今度は二人は一緒にやってみてね。どうせ仲良くしてるじゃないですか。

丸ちゃん：はい、チャンスをいただいて、ありがとうございます。課長。

辻野　：お帰りなさい。丸ちゃん。課長はどういう意味ですか。どうせ二人は仲良くしてるじゃないかって。

丸ちゃん：分からない。ねえ。社員旅行は毎年も行う？

辻野　：そうだよ。毎年があるんだよ。同僚のコミュニケーションのため、業績をアプするためって。しかし、行きたくなくて、社員旅行が嫌いひとが大勢いるよ。

丸ちゃん：なんで？私が楽しみにしているのに。会社の金で旅行へ行けるんって、ラッキーじゃない？

辻野　：そうだね。でも、社員旅行はいつも休日で行うじゃないですか。出勤日には毎日忙しくて、休日にはよく休む人がかなり多いでしょ？休みの日に行きたくない場所に団体旅行するなんて勘弁してよって、私もいつも聞いてたわよ。日本はプライバシーを大切にする国じゃないですか。普段はいつも同僚と一緒にいるのに、なんで休日もまた一緒に行動するっての文句もあるしね。

丸ちゃん：確かにそうだね。しかし社員旅行は年1回じゃないですか。たまにすればもだめ？おかしいなあ！じゃあ、今回はどこへ行くつもり？明日香は何か考えがあるの？

辻野　：何も。毎年このことで困ってるのよ。今度は丸ちゃんに任せる？

丸ちゃん：任せてください。山登りはどう？

小丸子： 加藤科长，早上好。今天起我又回到秘书科工作了，请多关照。

加藤： 是啊。这两个月辛苦你了。对了。马上就是员工旅游的季节了。这个（工作）一直都是我们秘书科企划的活动。要不你就利用一下这次企划案成功的经验也试着做一个员工旅游的企划吧。以前一直是辻野做的。这次你们两个一起做着试一下。反正你们两个关系好。

小丸子： 好的，非常感谢您给我这次机会，科长。

辻野： 欢迎回来。小丸子。科长是什么意思啊？什么反正两个人关系好啊。

小丸子： 不知道。哎，员工旅游每年都有吗？

辻野： 是啊。每年都有。说是为了同事之间的交流，为了提高业绩。但是，不想去、讨厌员工旅游的还是大有人在啊。

小丸子： 为什么？我可是很期待呢。用公司的钱去旅游，多幸福啊。

辻野： 是啊。但是员工旅游一般是在休息的日子去。上班的时候每天都很忙，休息的时候想要好好地休息的人很多吧？休息日还要参加团体旅游，去不想去的地方，饶了我吧，这样的话我经常听到。日本不是一个非常注重隐私的国家吗？平时总和同事在一起，为什么休息的时候还要在一起行动啊，这样的抱怨也有。

小丸子： 确实是。但是员工旅游一年就一次吧？偶尔这样也不行吗？好奇怪啊。那么这次准备去哪里呢？明日香有什么想法吗？

辻野： 什么都没有。每年都为了这个事情苦恼。这次可以
交给小丸子吗？

小丸子： 请交给我吧。爬山怎么样？

会話2

社員旅行は山登りにしました

員工旅行决定去爬山

丸ちゃん：課長、今度の社員旅行は山登りに行ってもいいでしょう
か。スケジュールをできましたから、どうぞご覧くださ
い。もし問題なければ、皆さんに通知いたします。

加藤 ：うん、私は問題ないですけど。行って。

（山登り開始）

丸ちゃん：ここはきれいですね。空気が新鮮ですし、木が緑ですし。
ここへ来てよかったね。気分転換できますね。

加藤 ：そうですね。ここで立っていると、気持ちがよくなったね。
山の頂の空気はもっと新鮮だと思うわ。行ってみる？

丸ちゃん：もちろんですよ。課長、一緒に？

加藤 ：勝負すればどうかなあ？私はちょっと年取ったけど、い
つも運動するからなあ。今の若者はだめだね。

丸ちゃん：課長、何の話ですか。そう言われる以上、勝負せざるを
　　　　得ない。私は若者を代表して、課長と勝負します。もし
　　　　私が勝ったら、何か賞品がありますか。

加藤　　：そうですね。前回アメリカから持ってきたピアスが好き
　　　　じゃないですか。もし丸ちゃんが勝ったら、送るわ。

丸ちゃん：うわ。ありがとう。

加藤　　：前提は丸ちゃんが勝ったことだなあ。

丸ちゃん：はい、了解です。

加藤　　：そういえば、もし私が勝ったら、どうしよう？

丸ちゃん：サービス残業1週間どう？

加藤　　：よしー。じゃ、そろそろ始めようか。

辻野　　：それでは、用意、スタート。

丸ちゃん：山の頂でお待ちしてます。

小丸子： 科长，这次的员工旅行可以去爬山吗？日程表我做好了，请您看看。如果没有什么问题的话，我就通知大家了。

加藤： 嗯，我看是没什么问题。去做吧。

（开始爬山）

小丸子： 这儿真漂亮啊。空气也新鲜，树木也很绿。来这儿真是太好了。可以转换一下心情。

加藤： 是啊。一站在这儿，感觉心情都变好了。我想山顶的空气应该更好吧。要不要去看看？

小丸子： 当然啊。科长要一起吗？

加藤： 那我们一决胜负怎么样？我虽然上了点年纪，可是我一直都在运动。现在年轻人是不行了啊。

小丸子： 科长，您说什么呢？既然这样说的话，那不得不一决胜负了啊。我代表年轻人和科长　决胜负。如果我赢了，有什么奖品啊？

加藤： 嗯。上次我从美国带回来的耳环你不是很喜欢吗？如果你赢了，我就把那个送给你。

小丸子： 哇。谢谢啊。

加藤： 前提得是小丸子赢啊。

小丸子： 好的，知道了。

加藤： 这么说来，如果我赢了怎么办呢？

小丸子： 无偿加班一周怎么样？

加藤：　好。那么，我们快开始吧。

辻野：　那么，准备，开始。

小丸子：我在山顶等您啊。

小丸子的日语词汇百宝箱

1. **社員旅行（しゃいんりょこう）** 社员旅游

2. **アップ** 提高、上涨

3. **シーズン** 季节、季

4. **コミュニケーション** 交流

5. **業績（ぎょうせき）** 业绩

6. **大勢（おおぜい）** 许多人、很多人

7. **ラッキー** 走运、幸运、吉祥
   > 反义词 **アンラッキー** 不走运、不幸运

8. **勘弁（かんべん）** 宽恕、原谅、容忍、认真思考、深思熟虑

9. **プライバシー** 私生活、隐私、秘密

10. **文句（もんく）** 意见、抱怨、牢骚、词句、话语

11. **山登り（やまのぼり）** 登山

12. **気分転換（きぶんてんかん）** 转换心情

13. **勝負（しょうぶ）** 胜负、比赛

14. **年取る（としとる）** 上了年纪

15. **前提（ぜんてい）** 前提

小丸子的日语**文法**百宝箱 ✏

～ざるを得ない

意义　不得不……

接续　动词未然形＋ざるを得ない。接「する」的时候变成「せざるを得ない」。

✿　**そう言われる以上、勝負せざるを得ない。**
　　既然这样说的话，那不得不一决胜负了啊。

✿　実は、急用で京都へ出張せざるを得なくなりました。
　　实际上，由于紧急事情不得不去京都出差。

✿　社長に頼まれたことですから、やらざるを得ないでしょ？
　　因为是社长拜托我的，所以不得不做啊。

小丸子 的 每日一练

利用课中学习的单词完成下列句子：

1. 私の給料は今月より1万円＿＿＿＿＿する予定です。

2. 毎年4月より、旅行＿＿＿＿＿になります。

3. 仕事中には＿＿＿＿＿が大事だと思いますので、何かあったら、言って
ください。

4. 皆さんの努力で、今年の＿＿＿＿＿が15％向上されました。

5. こういうことに会ったのは、＿＿＿＿＿って言うべきか、＿＿＿＿＿って言
うべきか。

6. 奈良へ行きたくないから、＿＿＿＿＿してよ。

7. 最近、直子ちゃんのプレッシャーにかけられそうで、いつも＿＿＿＿を言ってるらしいね。

8. たまには郊外へ＿＿＿＿に行ったら？

9. 社長は＿＿＿＿も、我々の社員さんと一緒に旅行へ行くのは嬉しく思います。

10. いつもいつも行きなさい行きなさいって言われると、結局行か＿＿＿＿なりました。

答案

1. アップ
2. シーズン
3. コミュニケーション
4. 業績
5. ラッキー、アンラッキー
6. 勘弁
7. 文句
8. 気分転換
9. 年取って
10. ざるを得ない

小丸子的职场经

在日本，一般的公司每年都会举行一次员工旅游，主要的目的也是为了增进公司员工之间的感情、提高团队合作精神等等。旅行的同时自然也会准备一些小游戏啊、小竞赛啊等等。当然这种游戏和竞赛多是团体游戏和竞赛。因为比起个人能力，日本的公司还是更在乎员工团队合作的能力。所以具有团队精神是在一个日企公司应该具备的基本素质。请各位一定要注意哦。

第24课

战战兢兢
——秘密恋爱快败露了

会話1

丸ちゃんと辻野さんと話しています

小丸子和辻野在谈话

辻野 ：開発部の田中さんは来月結婚するんだって。丸ちゃん知ってるの？

丸ちゃん：うそ。この前、一緒に中国へ出張するとき、独身って言ってたんだよ。こんなに短い時間で、彼女ができて、結婚するわけ？無理でしょ？奥さんは誰？

辻野 ：開発部の秘書。びっくりでしょ？名前は何かしら。堀口美穂。一か月後、田中美穂だと呼ばれるはずわよ。

丸ちゃん：えっ？同僚なの？それに、同じ部門の？社内恋愛禁止じゃないの？

辻野 ：だって、彼女がいなくて、独身だって言ってるほかはな

いだもん？掘口さんは先週会社を辞めたばかりなんて、

今日は結婚するんだって聞いたわよ。

丸ちゃん：結婚のため、仕事を辞めちゃったの？

辻野 ：だったら何？バレるまえに会社を辞めたほうがいいわね。

もしバレたら、処罰が必ずあるに違いないわよ。ねえ。

丸ちゃん、処罰だよ。処罰。

丸ちゃん：なんでこんな話を私に？

辻野 ：私の前に、とぼける必要ある？何でも知ってるからさ。

しらばくれるだけなの。安心してね。誰にも言わないか

ら。でも、丸ちゃんが気をつけたほうがいいよ。

辻野： 听说开发部的田中先生下个月要结婚了。小丸子知

道吗？

小丸子：真的假的？之前一起去中国出差的时候还说自己单

身呢。这么短的时间就交到女朋友然后结婚了？不

可能吧？老婆是谁啊？

辻野： 开发部的秘书。吃惊吧？叫什么来着。堀口美穗。

一个月后就应该叫田中美穗了。

小丸子：啊？同事啊？还是同一个部门的？不是禁止社内恋

爱吗？

辻野： 所以只好说没有女朋友，单身的啊。堀口小姐上周才辞职，今天就听说要结婚了。

小丸子： 为了结婚辞职的吗？

辻野： 不然是什么呢？在败露之前辞职比较好啊。不然万一被发现了，一定会有处罚的啊。哎，小丸子，有处罚啊，处罚。

小丸子： 干嘛跟我说这个啊？

辻野： 在我面前有装傻的必要吗？我什么都知道啊。只是假装不知道罢了。放心啦。我不会和别人说的。但是，小丸子小心点比较好啊。

会話2

丸ちゃんと新さんと話しています

小丸子在和小新谈话

丸ちゃん： 新ちゃん、田中さんからの結婚式招待状をもらった？

新ちゃん： うん、もらったよ。

丸ちゃん： 日本人の結婚式は初めてなんで、何を着て行けばいいの？

新ちゃん： 男の人は黒の背広に白いネクタイで、女の人はスーツで大丈夫。

丸ちゃん： お祝いはどうする？

新ちゃん：日本では、「ご祝儀」をあげるわ。

丸ちゃん：「ご祝儀」？何がいい？

新ちゃん：一般的には祝儀袋にお金を入れて、結婚式の時に持って
行ったら結構だ。

丸ちゃん：お金はいくらぐらい入れたらいいの？

新ちゃん：私たちは新卒で、2万円ぐらいでいいわよ。

丸ちゃん：そんなに高いですか。

新ちゃん：日本では、大体そうだけどね。2.3万円でだよね。

丸ちゃん：祝儀袋に何か要求などがある？

新ちゃん：いいえ、特にないんだけどね。百円ショップで買っても
大丈夫。

丸ちゃん：ねえ、新ちゃん、奥さんは開発部の秘書って知ってる？

新ちゃん：知ってる。知ってる。丸ちゃんが心配させたくないから、
言わなかったけど、知ってたね。

丸ちゃん：うん、明日香から聞いたよ。私たちどうしよう？バレたら、
新ちゃんの前途に悪い影響を及ぶかもね。バレる前に、
私も会社を辞めれば？

新ちゃん：落ち着いて、僕のことじゃなくて、自分の未来をちゃん
と考えてね。

小丸子： 小新，你收到田中先生的结婚请柬了吗？

小新： 嗯，收到了。

小丸子： 我还是第一次参加日本人的婚礼呢，穿什么去比较好啊？

小新： 男人穿黑西装系白领带，女人穿套装就行。

小丸子： 贺礼怎么办呢？

小新： 在日本，要送"喜礼"。

小丸子： "喜礼"？送什么好啊？

小新： 一般是将钱放到红包里，在结婚典礼的时候拿过去就行。

小丸子： 那要放大约多少钱呢？

小新： 我们是刚毕业的学生，2万日元左右吧。

小丸子： 那么贵吗？

小新： 在日本大概就是这样的。2、3万日元吧。

小丸子：红包有什么要求吗？

小新：　没有，没有特别的，就在百元店买就行啊。

小丸子：喂，小新知道田中先生的老婆是开发部的秘书吗？

小新：　知道啊。知道。我怕小丸子担心，所以没说，但是还是知道了啊。

小丸子：嗯，我听明日香说的。我们该怎么办啊？如果败露了肯定对小新的前途有不好的影响。在败露之前，我是不是辞职比较好？

小新：　冷静点儿。不要考虑我，要好好考虑自己的未来发展。

小丸子的日语词汇百宝箱

1. びくびく　战战兢兢、畏首畏尾

2. 雲散霧消（うんさんむしょう）烟消云散

3. 独身（どくしん）单身

4. とぼける　装傻、装糊涂、出洋相、脑筋迟钝

5. しらばくれる　假装不知道、佯装不知道

6. 背広（せびろ）西服

7. 祝儀（しゅうぎ）贺礼、庆祝仪式、酒钱

8. 百円ショップ（ひゃくえんショップ）百元商店

9. 前途（ぜんと）前途

10. 影響（えいきょう）影响

小丸子的日语**文法**百宝箱

～ほかはない

意义 只有、只好

接续 动词原形＋ほかはない

❀ **だって、彼女がいなくて、独身だって言ってるほかはない だもん？**

所以只好说没有女朋友，单身的啊。

❀ **気は進まないが、課長の命令ですので、従うほかはないで しょう？**

虽然不愿意，但是因为是科长的命令，只好服从。

❀ **誰も代わりに出張に行ってもらえる人がないですので、私 自分が行くほかはない。**

因为没有人愿意替我出差，所以我只好自己去。

小丸子 的 毎日一练

利用课中学习的单词完成下列句子：

1. _____ないで、勇気をだして、前向きましょう！

2. 今回の事故は何も残っていなくて、_____になりした。

3. 40歳になっても、まだ_____だよ。

4. _____ないで、ちゃんと返答しなさいよ。

5. _____ても、遅かれ早かれ知られるよ。

6. 面接へ行くときは、男性なら＿＿＿＿を着る必要があります。

7. 今回の事故はみんなに大変悪い＿＿＿＿を及ばれました。

答案

1. びくびく　　　2. 雲散霧消　　　3. 独身

4. とぼけ　　　　5. しらばくれた　6. 背広

7. 影響

小丸子 的 职场经

　　这可是小丸子在日本参加的第一个婚礼呢。这可让小丸子开阔了眼界，因为田中先生的婚礼是很传统的日式婚礼——神前式。所谓"神前"，即指其举行地点比较特殊。一般在日本的神社举行，由神来见证一对新人的结合。婚礼由神官主持，会经过全体拜神、神官祝词、祈祷、敬酒、新郎宣誓、新人拜礼、神官祝福等程序。小丸子比较关注的是新娘的礼服。一般新娘会换三套礼服，离开家时身穿白色传统和服；进入神社后换上一套暖色调的和服，一般有金色、银色、红色三种颜色；最后要换上一套深色的和服，象征着纯真少女时代的结束，要开始为人妻、为人母的生活。三套和服都非常精美华丽，让小丸子看傻了眼。

　　除了这个日本传统的神前式，日本还有三种婚礼比较常见，即佛前式——在寺庙举行的婚礼；教堂式——在教堂举行的婚礼；人前式——在大家的面前举行的婚礼。人前式应该就是现在大部分中国人的结婚典礼形式吧。

第25课

——小丸子为了爱情跳槽

会話1

丸ちゃんは加藤課長に辞表を提出しています

小丸子向加藤科长递交了辞呈

丸ちゃん：加藤課長、ちょっとだけのお時間をよろしいでしょうか。

加藤：はい、どうぞ。

丸ちゃん：これは私の辞表です。私にとっても非常に難しい決定ですが。

加藤：びっくりしたわよ。私はずっと丸さんのことを重視しているのに。どうしてですか。人間関係の原因かなあ。いや、丸ちゃんは大人気者らしいわね。仕事は面白くないかなあ？いや、丸ちゃんは毎日楽しそうやね。給与の原因かなあ？もしそうだったら、私が人事部と相談するわ。

丸ちゃん：いいえ、それらは全部原因ではないです。

237

加藤　　：だったら何が？

丸ちゃん：恥ずかしいですが、今のところ、言わなければならない
　　　　　と思います。しかし、内緒にしていただけませんか。

加藤　　：ええ、聞かせて。

丸ちゃん：実際に、彼氏のためです。

加藤　　：彼氏？

丸ちゃん：ええ。彼氏も東井商社で働いています。わが社では社内
　　　　　恋愛禁止の規則があるじゃないですか。私たちの関係が
　　　　　バレられたら、彼氏の前途に悪い影響があることを心配
　　　　　していますので、仕事を辞めることにしました。大変申
　　　　　し訳ございませんが、わがままでこの辞表を提出してま
　　　　　した。私が入社して以来、加藤課長をはじめ、皆さんに
　　　　　大変お世話になりましたから、本当にありがとうござい
　　　　　ます。わがままの決定をどうぞご理解ください。それに、
　　　　　内緒にしていただけませんか。

加藤　　：なるほど。その原因か。それなら、仕方がないですね。

丸ちゃん：そうですね。皆さんと別れると惜しいですが。仕方がな
　　　　　いですね。正直な話を言わないので、どうぞご容赦くだ
　　　　　さい。故意でうそつきをしたくなかったのに。

小丸子： 加藤科长，请问可以占用您一点儿时间吗？

加藤： 可以，请说。

小丸子： 这个是我的辞呈。这个对我来说也是一个非常难的决定。

加藤： 我太吃惊了。我一直很重视小丸子你的啊。为什么呢？是人际关系的原因吗？不会啊，小丸子一直都很有人气啊。是工作没有意思吗？不会啊，我看小丸子每天都很高兴的样子啊。那是工资的原因吗？如果是的话，我可以找人事部的人谈一谈。

小丸子： 不，以上那些原因都不是。

加藤： 那到底是什么呢？

小丸子： 有点不好意思，但是现在我必须得说了。但是能请您替我保密吗？

加藤： 嗯，让我听听。

小丸子： 实际上，我是为了男朋友。

加藤： （为了）男朋友？

小丸子： 是的。我的男朋友也在东井商社工作。我们公司不是不允许社内谈恋爱吗？如果我们的关系败露了，我担心会对他的前途产生很坏的影响，所以我决定辞职。非常抱歉，我这么任性地提交了辞呈。我进公司以来，以加藤科长为首的大家对我很是照顾，真的非常感谢。请理解我这样任性的决定。另外，您可以替我保守这个秘密吗？

加藤： 这样啊。那个就是原因吗？那就没有办法了。

小丸子： 是啊。我也舍不得和大家分开。但是也没有办法啊。

　　　　 请原谅我没有说实话，但是我真的不是故意说谎的。

会話2　　丸ちゃんの送別会で

在小丸子的送别会上

加藤　：皆さん、丸さんは自分の原因で仕事を辞めることにしましたので、今晩一緒に送別会を行おうか。辻野、ブッキングして。

辻野　：はい、了解いたしました。

（送別会で）

丸ちゃん：加藤課長、みなさん、この数か月間に、いろいろ大変お世話になりましたので、真にありがとうございます。ずっと東井商社で働いて行きたいとはいえ、個人的な原因で、仕事をやめなければならないです。皆さんがいろいろ支えてくれて、教えてくれてこそ、今の私になるわけです。皆さんと一緒に働けて、本当に嬉しく思っています。皆さんと一緒にいた時間は本当に楽しかったです。仕事を辞めても、私たちは依然に友達ですからね。（涙）

——小丸子为了爱情跳槽

加藤 ：丸ちゃんはずっと頑張っている仲間ですね。能力を持っ
　　　　ているし、親切だし。どこの会社に入っても、必ず上司
　　　　に認められるよ。

辻野 ：そうですね。別の会社に行っても、連絡を続いてくださ
　　　　いね。私たち皆は丸ちゃんのことが好きですよ。

加藤 ：丸さん、辞職手続きは終わる？

丸ちゃん：いいえ、まだです。明日から続きたいと思います。

加藤 ：これからは何のつもり？

丸ちゃん：そうですね。辞職手続きが終わりましたら、また派遣会
　　　　社へ行って、仕事を紹介してもらいます。

加藤 ：じゃあ、新しい仕事が見つけたら、教えてね。

辻野 ：丸ちゃんが自分が理想的な仕事を見つけるため、乾杯。

送別会

加藤：　各位，丸子小姐由于自身原因决定辞职，今天晚上我们一起开个送别会。辻野，预订一下。

辻野：　好的，知道了。

（在送别会上）

小丸子：加藤科长，大家，在这数个月里，非常感谢大家对我的照顾。虽然说我很想一直在东井商社工作，但是由于个人原因，我不得不辞职。正是因为有大家的各种支持与帮助，才会有今天的我。能和大家一起工作真的非常高兴。和大家在一起的时间真的非常快乐。即使辞掉了工作，我们依然是好朋友。

（流泪）

加藤：　小丸子一直都是很努力的同事啊。既有能力，又很亲切。即使是去了别的公司，也一定会得到上司的认可的。

辻野：　是啊，即使是去了别的公司，也请继续和我们保持联系。我们都很喜欢小丸子的啊。

加藤：　小丸子的辞职手续都办理好了吗？

小丸子：不，还没有。明天继续办理。

加藤：　那将来有什么打算呢？

小丸子：嗯，这个啊。等辞职手续都办理好了。我还是去派遣公司，让他们帮我介绍工作。

加藤：　那么，如果找到新的工作的话，告诉我们啊。

辻野：　为了小丸子能找到自己理想的工作，干杯。

小丸子的日语词汇百宝箱

1. 鞍替え（くらがえ）改行、跳槽、转业

2. 辞表（じひょう）辞呈、辞职书

3. 人間関係（にんげんかんけい）人际关系

4. 給与（きゅうよ）工资

5. 内緒（ないしょ）秘密、不公开

6. わがまま 任性、放肆

7. 別れる（わかれる）分开、分离

8. 惜しい（おしい）可惜的、舍不得的

9. 正直（しょうじき）诚实、正直、实在、说实在话

10. うそつき 撒谎

11. 支える（ささえる）支撑、维持生活、阻止、防止

12. 認める（みとめる）赏识、器重、看见、看到、断定、认定

小丸子的日语文法百宝箱

〜とはいえ

意义　虽然……但是……。表示事情的结果和预想的不一样

接续　名词、形容动词、形容词词干、动词连体形＋とはいえ

❁ ずっと東井商社で働いて行きたいとはいえ、個人的な原因で、仕事をやめなければならないです。

虽然我很想一直在东井商社工作，但是由于个人原因，我不得不辞职。

❁ 会議に参加しなかったとはいえ、こんな常識なことを馬鹿にするのは許さない。

虽然说没去参加会议，但是把这么常识的东西做得这么愚蠢，真是不能原谅。

小丸子 的 每日一练

利用课中学习的单词完成下列句子：

1. _____頻度が高人は信用が低くて、採用されにくいです。

2. 会社を辞めるため、今朝わが部の部長に_____を提出しました。

3. 私は小さい会社の雰囲気が好きな原因は_____が複雑ではないからです。

4. ここでは、_____は時給と月給と分かれています。

5. これは私たちの秘密で、皆_____にしてくださいね。

6. _____の話をやめなさい。ちゃんと上司の命令に従ってください。

7. すぐ、家族と一時と_____て、中国へ単身赴任へ行きます。本当に_____ですね。

8. うそつかないで、_____に教えてくれれば？

9. 生活を_____ために、彼女はいろいろなバイトをしています。

10. 上司に_____のは私の人生にとっては、何よりです。

答案

1. 鞍替え
2. 辞表
3. 人間関係
4. 給与
5. 内緒
6. わがまま
7. 別れ、惜しい
8. 正直
9. 支える
10. 認められる

小丸子的职场经

　　小丸子今天终于鼓足勇气递交了辞职信。日语中，「退職願」、「退職届」和「辞表」都可以表达辞职的意思，但是在使用的时候有所不同。一般情况下，和公司运营管理有直接关系的董事等人，或者是公务员在辞职的时候，使用「辞表」。其他情况下要使用「退職願」或「退職届」。那么这两者又有哪些区别呢？「退職届」给人一种"通知"的感觉，而「退職願」给人的感觉是在商量之后做出的决定，有一种比较柔和的感觉。所以如果没有特殊理由的话，一般公司职员辞职时，使用「退職願」应该不会错，而且会比较有礼貌。

第26课

新工作的第一天
——小丸子被欺负了

会話1 派遣会社で丸ちゃんは中村さんと話しています

在派遣公司小丸子和中村在谈话

丸ちゃん：中村さん、今回ご迷惑をお掛けいたしまして、本当に申し訳ございませんでした。わがままの行動をどうぞご容赦ください。

中村：せっかくなチャンスですからね。ちょっと無駄遣いだと思います。

丸ちゃん：本当に申し訳ございませんでした。

中村：では、今度の希望職種は何でしょうか。

丸ちゃん：そうですね。今は秘書と企画の職務経験が持っていますから、これからはそれと関わっている仕事をしようかなあと思っていますので、よろしいでしょうか。

中村 ：うん、そうですね。確かに中途採用は職務経験が重視されていますね。

丸ちゃん：中途採用とは？

中村 ：中途採用は新卒採用に対する別の人材採用方法です。職務経験を持っている方を対象にする人材採用で、つまり経験者採用のことです。丸ちゃんは東井商社に入社したときは卒業したばかりでしょう？そのときは新卒採用って言います。今は半年以上の職務経験があるじゃないですか。今の採用は中途採用と呼ばれています。

丸ちゃん：なるほど。分かりました。

中村 ：今はね、手元にある出版社が人材希望中なんですが、丸さんは興味がありますか。

丸ちゃん：出版社ですか。職種は何ですか。

中村 ：新しく出版した木の販売企画という仕事です。

丸ちゃん：そうなんですか。企画をやってたんですけど、本と全然関係ない分野ですが。大丈夫かなあ。

中村 ：前職のもらった経験より、仕事への適性とポテンシャルが重視されている企業が多いんです。この出版社はこういう企業で、面接しに行ってみて。もし会わなかったら、別のをもう一度推薦しますから。心配しないでくださいね。

丸ちゃん：はい、ありがとうございます。

小丸子： 中村先生，这次给您添麻烦了，真的非常抱歉。请原谅我任性的行为。

中村： 好不容易得来的机会啊。我觉得有点儿浪费了。

小丸子： 真的非常抱歉。

中村： 那么，这次希望的工种是什么呢？

小丸子： 这个啊。我现在有秘书和企划的经验，所以今后我想做和这两个有关的工种。可以吗？

中村： 嗯，这样啊。中途录用确实是很重视工作经验的。

小丸子： 什么是中途录用？

中村： 中途录用是相对于应届毕业生录用而言的另外的人才录用的方法。把有工作经验的人当成录用对象，也就是说录用经验者的意思。小丸子刚进东井商社的时候是刚刚毕业吧？那个时候就是应届毕业生录用。现在不是已经有了半年的工作经验了吗？现在的录用就是中途录用。

小丸子： 这样啊。明白了。

中村： 现在我手上有一个出版社在招聘人才。小丸子你有兴趣吗?

小丸子： 出版社吗? 是什么工种啊?

中村： 对新出版的书进行销售企划的工作。

小丸子： 这样啊。我是做过企划的工作,但是是和书完全没有关系的领域啊。没关系吧。

中村： 和在上一份工作中得到的经验相比,很多企业更重视的是对工作的适应性以及潜在能力。这个出版社就是这样的企业。你先试着去面试一下,如果不合适的话,我再给你推荐别的工作。请不要担心啊。

小丸子： 好的,谢谢了。

会話2 パンダラ出版社で丸ちゃんが入社した初出勤日

小丸子在潘他拉出版社上班的第一天

丸ちゃん： あのう、本日入社した丸と申しますが。

成田 ： 丸さんですか。社長は今日一日中外出中です。昨日は社長から聞きました。本日丸ちゃんが出勤するって。席は私の隣です。どうぞ座ってください。

丸ちゃん： あのう、先輩を何だと呼んでもよろしいですか。

成田 ： あっ。自己紹介を忘れました。成田です。私も企画の仕事をしています。これは私の名刺です。

小丸子的 日语征服记

丸ちゃん：丸です。成田係長、どうぞよろしくお願いいたします。

成田　　：いやだ。成田さんで読んでくれてもいいんだよ。これは今度私たちが担当している本です。まずはこの本をよく読んでね。午後は打ち合わせがありますので、私について行ってくださいね。

北原　　：おい、誰かこれをコピーしてもらう？私はすぐ使うからさ。

（みんなが黙っています）

北原　　：おい、その新人さん。新人さんだよね。これをコピーしてくれ。今からすぐ。

丸ちゃん：はい。少々お待ちください。今は午後の打ち合わせを準備していますので、後でコピーしてもよろしいでしょうか。

北原　　：今からすぐって言ったじゃない？

成田　　：北原課長、丸さんは企画部のスタッフで、人事部のではないです。人事部の部下に任せたらどうですか。私たちは本当に午後に打ち合わせがあります。丸さんは来たばかりですので、打ち合わせのため、この本を必ず読まなければならないです。たまに私たちの立場で考えてもらえませんか。新人を苛めたら、私は許しかねます。

北原　　：成田、勘違いじゃない？上司は私の方だからね。成田じゃない。新人もパンダラ出版社の社員じゃない？これは私の命令だよ。

丸ちゃん：成田さん、大丈夫です、私はすぐコピーに行ってきます。

本を後で読みますから。大丈夫です。落ち着いてくださ

いね。はい、北原課長、コピー必要なのはなんでしょう？

（コピー完了後）

成田　　：彼女は本当に嫌です。腹を立っています。

丸ちゃん：人事部の北原課長ですね。

成田　　：そうですよ。40歳過ぎですが、まだ未婚で、彼氏ができ

てないから、心理はちょっと変態かもね。いつも部下を

苛めるなんて、最低じゃない。

丸ちゃん：声はちょっと大きすぎますよ。成田さん。

成田　　：もう我慢できない。いつもそうだよ。私癇癪持ちだよ。

今は。

　　小丸子：　那个，我是今天入社的丸子。

　　成田：　是丸子小姐吧？社长今天一天都在外出中。昨天我

　　　　　　听社长说了。小丸子今天开始上班。你的座位在我

　　　　　　旁边，请坐吧。

　　小丸子：　那个，我该怎么称呼前辈您呢？

　　成田：　啊。我忘了做自我介绍了。我叫成田。我也做企划

　　　　　　的工作。这是我的名片。

　　小丸子：　我叫丸子。成田股长，请多多关照。

　　成田：　讨厌。叫我成田就可以了。这个是我们这次负责的

　　　　　　书。先好好读一下这本书。下午我们有一个商谈，

　　　　　　跟我去吧。

北原： 喂，谁把这个复印一下，我马上要用。

（大家都沉默）

北原： 在，我说那个新人。你是新人对吧。去把这个给我复印了。马上去。

小丸子： 好的，请稍等一下。我正在准备下午的商谈，一会我给您复印可以吗？

北原： 我不是说现在马上吗？

成田： 北原科长，丸子是我们企划部的员工，不是人事部的员工，这种事情您让您的部下做可以吗？我们下午真的有一个商谈。丸子又是刚刚来的，为了下午的商谈必须得读一下这本书。偶尔也站在我们的立场上想想可以吗？如果欺负新人的话，我可不能原谅。

北原： 成田，你是不是搞错了什么？上司是我。不是成田你。新人也是潘他拉出版社的一员不是吗？这是我的命令。

小丸子： 成田小姐，没关系。我现在马上去复印。书我一会再读。没关系，请冷静一下啊。好的，北原科长。需要复印的部分是哪些？

（复印之后）

成田： 她真的很讨厌。气死我了。

小丸子： 是人事部的北原科长吧。

成田： 是啊。都40多岁了，还没有结婚，也没有男朋友，好像有点心理变态，总是欺负部下，真是差劲。

小丸子： 成田小姐，声音有点儿太大了。

成田： 我已经忍耐不了了。总是这样。我气疯了，现在。

小丸子的日语**词汇**百宝箱

1. 苛める（いじめる）欺负、虐待、欺辱
2. 無駄遣い（むだづかい）浪费、乱花钱
3. 中途採用（ちゅうとさいよう）中途录用
4. 出版社（しゅっぱんしゃ）出版社
5. 適性（てきせい）适应性
6. ポテンシャル 潜在能力、潜能、潜力
7. 係長（かかりちょう）股长
8. 黙る（だまる）沉默
9. 勘違い（かんちがい）错觉、误会、搞错、想错
10. 癇癪持ち（かんしゃくもち）气疯了

小丸子的日语**文法**百宝箱

〜かねる

意义 不能……、难以……

接续 动词连用形 + かねる

❀ **新人を苛めたら、私は許しかねます。**

如果欺负新人的话，我可不能原谅。

❀ 申し訳ないんですが、課長の提案には賛成しかねます。

对不起，我不同意科长的提案。

小丸子的每日一练

利用课中学习的单词完成下列句子:

1. 何でそうなにひどいことをしたの？私のことを_____いるの？

2. 節約は大切なことで、_____はダメです。

3. 陳さんは新卒採用ではなく、_____で採用されたの人です。

4. 見積書にはお客様に承認できる_____な価格を書いてください。

5. 経験より個人的な_____を大事にしてください。未来発展にはいいです。

6. _____ないで、なんとか言ってよ。

7. _____とかをしないでください。私はあなたを手伝っていない。ただこれも私の仕事ですから。

答案

1. 苛めて	2. 無駄遣い	3. 中途採用
4. 適性	5. ポテンシャル	6. 黙って
7. 勘違い		

小丸子 的 职场经

　　小丸子到新公司的第一天就被欺负了。其实在日本这种情经常发生。日语里称为「職場イジメ」。这种情况多表现为多对一，欺负人的一方由一个小组组成。一般是上司对下属、同事之间、正式员工对派遣员工或者临时工等。正式员工认为派遣员工和临时工的地位比自己低，所以总是对派遣员工和临时工呼来喝去，一副自己很了不起的样子，这种风气在日本公司里很盛行，几乎成了约定俗成的东西。日本也在积极想对策来治理这样的事情，比如"职场配虑义务"的制定，意思是公司有义务创造一个让劳动者感到安全舒适的工作环境。再比如积极培训管理人员来治理这样的情况发生。但是效果都不明显。所以如果真的发生「職場イジメ」的现象的话，最好的办法也只能是调动到别的部门工作，或者辞职找其他的工作。

第27课

加班
——小丸子和小新的圣诞计划泡汤了

会話1 丸ちゃんが成田さんと交代して、残業することになりました

小丸子代替成田加班

丸ちゃん：成田さん、今晩用事があるんで、ちょっと早退させていただきたいのですが。

成田　　：そうなんですか。

丸ちゃん：成田さん、大丈夫ですか。体調はどこか悪いのですか。顔は真っ白になりましたね。成田さん、大丈夫ですか。

成田　　：突然お中が痛くなってたまらないです。

丸ちゃん：そうなんですか。もしかして、おそらく生むんですか。出産予定日は来月じゃないですか。早産ですか。どうしようかなあ。とりあえず、ご主人と連絡して、救急車を呼びます。すぐ病院へ行かなければならないですね。

成田 ：しかし、仕事はいっぱいあるんで。

丸ちゃん：こんな時、また仕事を考えるわけ？私に任せてください。

成田 ：新年時の販売予定の本ですが。

丸ちゃん：もういいですよ。ご主人と救急車はもうすぐ来ますんで、

　　　　　もうちょっと我慢してくださいね。

成田 ：じゃあ、仕事よろしくね。

丸ちゃん：安心してくださいね。

小丸子：成田小姐，今天晚上我有事，想早退一会儿。

成田：这样啊？

小丸子：成田小姐，您没事吧？身体有哪里不舒服吗？脸色很苍白啊。成田小姐，没事儿吗？

成田：突然肚子疼得受不了了。

小丸子：这样啊。难道是快生了吗？预产期不是下个月吗？早产？怎么办呢？总之我先联系成田的先生，再叫救护车吧。必须得马上去医院啊。

成田：但是，还有很多工作啊。

小丸子：这个时候还想着工作吗？都交给我吧。

成田：新年时候要销售的那个书啊。

小丸子：不要再说了。你老公和救护车马上就来了。再忍耐一会儿。

成田：那么，工作就拜托了。

小丸子：请放心吧。

会話2　丸ちゃんは人事部の高岡さんと話しています

小丸子在和人事部的高冈谈话

高岡　：丸さんもまだいますか。今日は残業するのは成田さんじゃ

　　　　ないですか。クリスマスイブですよ。クリスマスイブ。

　　　　彼氏とデートしません？

丸ちゃん：そうですね。元々早退して、デートの準備をしたかった

　　　　んですが、急に成田さんは赤ちゃんを生みそうなんで、

　　　　成田さんと交代して、私は残業することにしました。

高岡　：そうなんですか。それじゃ、仕方がないですね。

丸ちゃん：高岡さんは？お帰りですか。

高岡　：いいえ。私も残業します。最近毎晩帰るのはもう深夜12

　　　　時ぐらいですよ。毎日睡眠不足ですので、パンダ目がで

　　　　きました。ねえ、見て見て、怖いでしょう？

丸ちゃん：そんなに忙しいですか。

高岡　：そうですね。年末ごろには、毎年そうだよ。年末報告や

　　　　皆さんのボーナス計算などで大変ですよ。これはサラ

　　　　リーマンの宿命ですから、仕方がないですね。デートも

　　　　いけないんだからさ。でも、丸さんはいいなあ。羨まし

　　　　いです。

——小丸子和小新的圣诞计划泡汤了

丸ちゃん：えっ？どうしてですか。

高岡：丸ちゃんは派遣社員でしょ？派遣社員なら、ちゃんと残業代をもらえますよね。私たちの正社員はサービス残業ですよ。

丸ちゃん：じゃあ、さっさと仕事に戻って、早いうちに仕事を終わらせて、少しだけでも早く帰宅できるように、元気を出して、一緒に頑張りましょう！

高岡：コーヒーを入れるところなんで、丸ちゃんにも一杯入れますか。

丸ちゃん：はい、ありがとうございます。

高冈： 小丸子还在啊？今天加班的不是成田吗？今天可是平安夜啊，平安夜。不和男朋友约会吗？

小丸子： 是啊。本来想早回去一会儿，准备一下今天晚上的约会的。可是突然成田小姐好像要生了，我就代替成田，我来加班。

高冈： 这样啊。那就没办法了。

小丸子： 高冈你呢？要回去了吗？

高冈： 没有，我也要加班啊。最近每天晚上回去都已经是半夜12点左右了。每天都睡眠不足，都出黑眼圈了。喂，你看你看，吓人吧？

小丸子： 那么忙啊？

高冈： 是啊。一到年末，每年都是这样啊。忙着年终报告啊、计算大家的奖金等等，非常辛苦的。这就是工薪阶层的宿命，没有办法啊。也不能去约会。但是小丸子很好啊。我很羡慕你啊。

小丸子： 啊？为什么啊？

高冈： 小丸子是派遣员工吧？派遣员工的话，可以拿到加班费啊。我们这些员工就是免费加班。

小丸子： 那么，快点回去工作吧。趁早赶紧完成工作，即使能早回去一点儿也好，打起精神来，我们一起加油吧！

高冈： 我正要冲杯咖啡，要不要也给小丸子冲一杯？

小丸子： 好啊，谢谢啊。

——小丸子和小新的圣诞计划泡汤了

会話3

丸ちゃんは新ちゃんと電話しています

小丸子在和小新打电话

新ちゃん： もしもし、丸ちゃん。退勤した？

丸ちゃん： ごめん。丁度電話するところで、こんばんは残業で、デートへ行けないんだ。ごめんなさい。

新ちゃん： それはこっちのせりふだよ。僕も残業です。退勤する前に、急に部長に呼ばれて、仕事を頼まれたからさ。

丸ちゃん： じゃあ、一緒に残業しよう。これもデートの一緒にしましょう。

新ちゃん： （笑）そうだね。

小新： 喂，小丸子，下班了吗？

小丸子： 不好意思。我正要给你打电话呢。今天晚上我要加班，不能去赴约了。不好意思。

小新： 那正是我想说的啊。我今天也加班。下班前，突然被部长叫去给了我工作。

小丸子： 那么我们就一起加班吧。这也算是约会的一种吧。

小新： (笑)是啊。

小丸子的日语征服记

小丸子的日语词汇百宝箱

1. おじゃんになる 泡汤
2. 交代（こうたい） 交替、轮流、替班
3. 早退（そうたい） 早退
4. 出産予定日（しゅっさんよていび） 预产期
5. 早産（そうざん） 早产
6. 救急車（きゅうきゅうしゃ） 救护车
7. 我慢（がまん） 忍耐
8. 深夜（しんや） 深夜
9. 睡眠不足（すいみんぶそく） 睡眠不足
10. パンダ目（パンダめ） 黑眼圈
11. ボーナス 奖金
12. サラリーマン 工薪阶层
13. 宿命（しゅくめい） 宿命
14. せりふ 台词、说法

小丸子的日语文法百宝箱

〜うちに

意义　在……之内、趁……的时候

接续　名词＋の＋うちに

形容动词＋な＋うちに

形容词基本形＋うちに

❀ 　**早いうちに仕事を終わらせて、少しだけでも早く帰宅できるように、元気を出して、一緒に頑張りましょう！**

趁早赶紧完成工作，即便能早回去一点儿也好，打起精神来，我们一起加油吧！

❀ 　**朝のうちに、さっさと家事を終わらせたいです。**

想趁着早晨，把家事都做完了。

❀ 　**若いうちに、いろいろ勉強したほうがいいです。**

趁着年轻最好多学点儿东西。

小丸子 的 每日一练

利用课中学习的单词完成下列句子：

1. 仕事いっぱいあるんで、旅行は_____。
2. _____で仕事しない。一人では無理です。
3. なんで今日はそんなに早く帰りましたか。もしかして_____ですか。
4. 来月子供を生むんですね。_____は何日ですか。
5. 毎日残業するなんて、_____できないんだよ。
6. 毎日_____に帰宅して、睡眠時間が少ないんで、_____だよ。
7. 月給以外、年2回_____がもらえます。

答案

1. おじゃんになった　　2. 交代　　3. 早退
4. 出産予定日　　5. 我慢　　6. 深夜、睡眠不足
7. ボーナス

小丸子 的 职场经

在中国，圣诞节不是法定假日，在日本也是一样。但是日本的法定假日很多，现在就由小丸子给大家介绍一下吧。

(1) 1月1日——元旦，也就是日本的新年。

(2) 1月第二个星期——成人节，是庆祝年满20岁的青年男女成人的日子。

(3) 2月11日——建国纪念日，也就是国庆节。

(4) 3月21日左右——春分，是扫墓、祭拜祖先的日子。

(5) 4月29日——昭和日，原本是裕仁天皇的生日，在1989年之前是天皇诞生日。后改为昭和日。

(6) 5月3日——宪法纪念日。

(7) 5月4日——绿日。

(8) 5月5日——儿童节。

(9) 7月第三个星期——海节，日本四面环海，为了感谢来自海洋的恩赐而制定的节日。

(10) 9月第三个星期——敬老日。

(11) 9月23日左右——秋分。

(12) 10月第二个星期——体育节。

(13) 11月3日——文化节，1954年之前是为纪念明治天皇诞辰而设立的节日。1964年11月3日日本公布新宪法，将这一天改为文化节。

(14) 11月23日——劳动感恩节，为了表达对收获的谢意而制定的节日。

(15) 12月23日——天皇生日，明仁天皇于1933年12月23日出生。

升职
——小丸子晋升为股长

会話1

丸ちゃんは社長と話しています

小丸子在和社长谈话

丸ちゃん：社長、お呼びですか。

社長　　：座って。丸さん、この企画の仕事に慣れた？

丸ちゃん：はい、成田先輩のおかげで、慣れました。

社長　　：そうだね。成田さんはいい先輩だよね。でも残念だけど、仕事を辞めてた。

丸ちゃん：えっ？聞かなかったのですが。どうしてですか。

社長　　：赤ちゃんの面倒を見るから。ずっと前から申請してたけどさ、僕がずっと成田さんを引き留めてたの。すごくいいスタッフだからね。

丸ちゃん：だから、私を入社させますね。

社長 ：それは原因の一つだね。今は成田さんは仕事を辞めてた
から、係長は欠員だね。丸ちゃんはどう思ってる？成田
さんのポストを狙う？挑戦してみ？

丸ちゃん：私はなりたいんですけど、自分の能力でできるかどうか
心配しています。

社長 ：われわれはずっと丸ちゃんともう一人のスタッフの間に
ぶらぶらしてるさ。結局成田さんの意見について、丸ちゃ
んの昇進することになりました。成田さんは積極的に丸
ちゃんのこと推薦してたわ。よく頑張ったなあ。これか
らもよろしくなあ。

丸ちゃん：まだ分からないところが一杯あるんですが、私は頑張り
ます。ありがとうございます。

社長 ：入社した 2 か月の社員を昇進するのはわが社で初めてだ
よなあ。

丸ちゃん：ありがとうございました。自分の力を尽くしたいと思い
ます。

社長 ：もし忙しくてたまらない場合があったら、言ってね。

小丸子：社长，您叫我？

社长： 坐吧。小丸子，你习惯了这个企划的工作了吗？

小丸子：是的，多亏了成田前辈的帮助，我习惯了。

社长：　是啊。成田是位很好的前辈啊。但是非常遗憾，她辞职了。

小丸子：啊？没听说啊。为什么呢？

社长：　因为要照顾孩子。其实很早以前就一直申请来着，是我一直挽留她，因为真的是个很好的员工呢。

小丸子：所以才招聘我的是吧？

社长：　那是其中一个原因吧。现在成田辞职了，股长的位置空缺了。小丸子你怎么想的呢？想不想坐上成田这个位置啊？要不要挑战一下？

小丸子：我是想当股长，可是以我的能力，我担心自己能不能胜任。

社长：　我们一直在你和另外一个员工之间徘徊。结果我们听了成田的意见，决定让小丸子晋升。成田可是积极地推荐了你的啊。你真是很努力啊。今后也多多关照啊。

小丸子：虽然还有很多不明白的地方，但是我会努力的。谢谢您。

社长：　刚进公司两个月就晋升的事情在我们公司可是第一次啊。

小丸子：谢谢。我会尽力的。

社长：　如果忙到都受不了了，就说啊。

会話2

丸ちゃんは高岡さんと話しています
小丸子在和高冈说话

高岡 ：丸さん、企画係長に昇進されたそうですね。おめでとう
　　　ございます。

丸ちゃん：ありがとうございます。実には、これは特別なことでは
　　　ないと思います。

高岡 ：何を言ってるんですか。これは丸さんの努力結果ですよ。
　　　入社してから2か月だけなのに、昇進するなんて、前代
　　　未聞ですよ。すばらしいですね。

丸ちゃん：いいえ、それは成田先輩のご指導と皆さんのチームワー
　　　クのおかげでですね。

高岡 ：新しいポストで大きな成功を取れるように、心から願っ
　　　ていますよ。

丸ちゃん：そう言ってくれてありがたいのですが、実には何も晴れ
　　　がましいことではないと思っていますよ。今まで通り
　　　じゃないですか。高岡さんと一緒に働けますね。ただし、
　　　自分の責任はもっと重くなる感じしていますね。

高岡 ：そうですね。頑張ってくださいね。あっ、ところで、給
　　　料もアップされましたね。

丸ちゃん：社長はそういってくれましたけど、どれぐらいかよく分かりません。私は派遣社員じゃないですか。多分私の派遣会社と相談する必要があると思います。保険などとも関わっていますからね。

高岡　：確かに、そうですね。ボーナスもあったら、もっとよかったのにね。

丸ちゃん：それは派遣社員にとっては、無理でしょうね。

高冈：　小丸子，听说你晋升为企划股长了。恭喜啊。

小丸子：谢谢啊。但是实际上这不是什么特别的事情啊。

高冈：　你说什么呢？我认为这可是小丸子自己努力的结果啊。刚进公司才两个月就被升职，这可是前所未闻啊。真了不起。

小丸子：没有没有，那都是多亏了成田前辈的指导和大家的团队合作啊。

高冈：我衷心地祝福小丸子能在新的岗位上取得大的成功啊。

小丸子：谢谢你这么说，但是实际上我真的觉得这没什么值得炫耀的。不是还和现在一样吗？可以和高冈一起工作。不过，觉得自己的责任更重大了。

高冈：是啊。那加油吧。啊，话说回来，工资也涨了吧？

小丸子：社长是那么说过，但是不知道涨多少。我不是派遣员工吗？我觉得这个应该需要和我的派遣公司商量吧，和保险什么的也都有关系呢。

高冈：那确实是啊。要是能有奖金就更好了啊。

小丸子：那个对于派遣员工来说是不可能的吧。

小丸子的日语词汇百宝箱

1. **昇進（しょうしん）** 晋升、升职
2. **面倒を見る（めんどうをみる）** 照顾
3. **申請（しんせい）** 申请
4. **ポスト** 职位
5. **引き留める（ひきとめる）** 挽留
6. **ぶらぶら** 徘徊、摇摆不定、闲逛、闲来无事
7. **力を尽くす（ちからをつくす）** 尽力

8. 前代未聞（ぜんだいみもん）前所未闻

9. 晴れがましい（はれがましい）场面豪华的、隆重的、不好意思的、
   难为情的

小丸子的日语**文法**百宝箱 ✏️

～てたまらない

意义　无法忍耐，……得受不了

接续　动词て形＋てたまらない

🌸 **もし忙しくてたまらない場合があったら、言ってね。**

如果忙到都受不了了，就说啊。

🌸 最近は毎日残業しますから、疲れてたまらないです。

最近每天都加班，太累了，有点儿受不了了。

🌸 仕事のプレッシャーで、毎晩眠れなくてたまらないです。

由于工作的压力，每天晚上都睡不着。

小丸子的 每日一练

利用课中学习的单词完成下列句子：

1. 支店から本社に_____したそうですね。おめでとうございます。

2. 滞在中にはいろいろ_____をみてもらって、ありがとうございます。

3. 出国する前に、ビザを_____しなければならないです。

4. この_____で仕事をしたら、この_____なりの覚悟をお持ちなさい。

5. どうしても_____られても、会社を辞めることを決定しました。

答 案

1. 昇進　　　2. 面倒　　　3. 申請

4. ポスト、ポスト　　5. 引き留め

小丸子 的 职场经

　　这一次小丸子成功晋升为股长，得到了大家的祝贺，非常高兴。当然，当别人在工作或者生活上取得进步的时候，小丸子也会向他们表示恭喜和祝贺的。

　　但是需要在什么时候祝贺呢？时机的选择也是非常重要的一件事。比如亲朋好友结婚生子、升职、庆生、乔迁、在工作上取得了很大的成就的时候，应该及时向对方表示祝贺并表达自己的喜悦之情。一般都采取口头祝贺的方式。书信的情况也有，但是比较少见。日常生活中用口头表示祝贺的也都是一些约定俗成的表达方式，比如恭喜你……、我表示非常高兴并祝福你更加……之类的固定的说法。

　　总之在对方有好事情发生的时候，一定要记得表示祝贺哦。这也是增进感情的一种方式。

第29课

忘年会
——小丸子以旧员工和家属的
双重身份出席

会話1　忘年会のご案内

忘年会邀请函

海外統括各位：

平成 24 年 12 月 20 日

人事部　小西

　　　　忘年会のご案内

　本年も残りすうなくなってきましたが、社員個々の親睦を図るために、この一年の活動の反省と来年の抱負を話す会として忘年会を開催することになりました。年末のご多忙中、申し訳ございませんが、ぜひご出席ください。

　欠席方は別紙にて氏名をご記入いただき、12 月 23 日まで私宛までご返送ください。

記

1. 日時　12 月 29 日　19:00

2. 会費　フリー（会社払い）

3. 場所　東井ホテル　2 階の VIP 会議室

敬具

海外统括的各位：

平成24年12月20日

人事部　小西

忘年会邀请函

本年度即将结束，为了让各位员工和睦相处，我公司决定举行反省本年展望明年的忘年会。虽然年末大家都很忙，但是非常抱歉，请大家一定要出席。

（需要）缺席的各位请在附页上写上您的姓名，于12月23日之前发给我。

記

1.时间　12月29日　19:00

2.会费　免费（公司付）

3.地点　东井宾馆　2楼的VIP会议室

谨启

会話2

加藤さんは新ちゃんと話しています

加藤科长在和小新说话

加藤　：新さん、ちょっといい？

新ちゃん：はい、加藤課長。何か御用がありますか。

加藤　：丸ちゃんは最近どう？会いたかったなあ。

新ちゃん：昇進したばかりで、毎日忙しそうです。

加藤　：忘年会の時、連れてこない？

新ちゃん：えっ？大丈夫ですか。私たちの恋愛の関係は。

加藤　：大丈夫ですよ。丸ちゃんはもう東井商社の社員ではない
　　　　だからね。私が誘ったって。

新ちゃん：はい。ありがとうございます。一緒に忘年会に行きます。

加藤： 小新，现在方便吗?

小新： 嗯，加藤科长，有什么事情吗?

加藤： 小丸子最近怎么样? 好想见上一面啊。

小新： 她刚刚升职，所以每天都很忙。

加藤： 忘年会的时候不能带她吗?

小新： 啊? 没关系吗? 我们是恋爱的关系。

加藤： 没关系。小丸子已经不是东井商社的员工了。就说是我邀请的。

小新： 好的，谢谢您。我们会一起去忘年会的。

東井商社の忘年会で
在东井商社的忘年会上

小西 ：みなさん、こんばんは。私は人事部の小西です。今夜忘年会の司会を担当させていただきます。まずは社長に一言ご挨拶いただきます。よろしくお願いいたします。

社長 ：みなさん、今年の一年間、本当にお疲れ様でした。今年一年を振り返り、無事に予算を達成できたことを非常に嬉しく思います。それはみなさん一人一人がそれぞれの課題にきちんと取り組んできた結果だと思っています。この忘年会には、今年の一年を振り返るとともに、すべて、不愉快なことを忘れ、新たな来年に向けて、新しい気持ちを込めて、頑張って行きましょう。今日は楽しく

飲んで、楽しく食べて、楽しく遊んでください。それでは、皆さん、乾杯しましょう！

丸ちゃん： 加藤課長、今回お呼びいただき、真にありがとうございました。個人的な原因で東井をやめても、加藤課長を感謝しています。この短い数か月間、教えていただいたことが本当にいっぱいになりましたので、ありがとうございました。みなさんにも感謝の気持ちをお伝えください。

加藤　： 今の出版社で働いても、どこの会社で働いても、丸ちゃんは必ず優秀な社員だと思うよ。二人とも続いて頑張っていきましょう。

小西： 大家晚上好。我是人事部的小西。我来主持今天的忘年会。首先请社长讲两句。有请。

社长： 大家好。这一年真的辛苦了。回首今年这一年，能够很好地达成预算，真的感到非常高兴。这都是大家每个人能够认真地对待每一个课题的结果。在这个忘年会上，我们回顾今年一年的同时，要忘掉所有的不愉快，迎接新的一年，怀着新的心情一起努力吧。今天好好喝，好好吃，好好玩。那我们干杯吧！

小丸子： 加藤科长，非常感谢这次您能叫我来。由于个人的原因我虽然离开了东井，但是我还是很感谢加藤科长的。在短短的数月期间，您教会了我很多东西，非常感谢。也请向大家转达我的谢意。

加藤： 无论是在现在的出版社工作，还是在其他的地方工作，小丸子都一定是一个很优秀的员工。两个人继续努力吧。

小丸子的日语词汇百宝箱

1.　二重身分（ふたえみぶん）双重身份

2.　図る（はかる）谋求、企图、图谋

3.　反省（はんせい）反省

4.　抱負（ほうふ）抱负

5.　開催（かいさい）召开、举办、举行

6.　出席（しゅっせき）出席

7.　誘う（さそう）邀请、引诱、诱惑、引起、引发

8.　振り返る（ふりかえる）复发、复原

9.　取り組む（とりくむ）着手、对付、较量、全力处理

10.　愉快（ゆかい）愉快

小丸子的日语文法百宝箱

～とともに

意义　和……一起、与……同时

接续　名词＋とともに

　　　　动词原形＋とともに

❀　この忘年会には、今年の一年を振り返るとともに、すべて、不愉快なことを忘れ、新たな来年に向けて、新しい気持ちを込めて、頑張って行きましょう。

在这个忘年会上，我们回顾今年一年的同时，要忘掉所有的

不愉快，迎接新的一年，怀着新的心情一起努力吧。

🌸 新製品を販売するとともに、旧製品は衰退しました。

新产品销售的同时，旧产品衰退了。

🌸 企業経営力の発展とともに、我々の給料もアップしました。

企业经营力发展的同时，我们的工资也提高了。

小丸子 的 毎日一练

利用课中学习的单词完成下列句子:

1. 今回の発表会にご＿＿＿＿いただき、ありがとうございました。

2. 企業はいつも自分の利益を＿＿＿＿。

3. 自分の間違えたところをここで＿＿＿＿。

4. 来月＿＿＿＿する予定の展覧会はここでですか。

5. 好きな人にデートを＿＿＿＿たから、すごく嬉しいです。

6. 今年の一番難しい問題を＿＿＿＿行きます。

答案

1. 出席　　　2. 図っています　　3. 反省する

4. 開催　　　5. 誘われ　　　　6. 取り込んで

小丸子 的 职场经

　　忘年会是日本的一种传统习俗。现在，小丸子就将自己的亲身经历和大家一起分享吧。

　　"忘年"在日语中有两个意思：第一个意思就是忘掉过去一年的辛苦，迎接新的一年；第二个意思就是忘年交的意思。忘年会一般都是在居酒屋或者餐厅里以宴会的形式举行的。同事们一边喝酒，一边聊天，一边回顾过去，一边畅想未来。也是同事之间交流和增进感情的一种很好的形式。

　　如果大家有机会的话，一定要去好好地体验一次哦。

第30课

新年
——小丸子拜年

会話1

丸ちゃんは出版社社長と話しています

小丸子在和出版社的社长说话

丸ちゃん：社長、明けまして、新年おめでとうございます。

社長　　：おめでとうございます。

丸ちゃん：昨年中はいろいろ大変お世話になっておりました。本年も相変わらず、どうぞよろしくお願い申し上げます。

社長　　：僕こそ、わが社こそ、お世話になりました。今年もよろしくお願いします。年始の挨拶はもう完了した？

丸ちゃん：いいえ。まだです。始めたばかりですので。

社長　　：成田の家もまだだね？

丸ちゃん：はい、そうですね。今から参ります。年末には忙しかったですから、ずっと赤ちゃんと会えなかったですので、今回のきっかけに会おうと思います。

社長：あっ、お菓子どうぞ。

丸ちゃん：もう長くおりましたから、これでお暇いたします。

小丸子：社长，新年快乐。

社长：新年快乐。

小丸子：去年承蒙您的关照。今年还请继续多多关照。

社长：我才是，我们公司才是多亏了你的关照。今年也请继续关照啊。都拜完年了吗？

小丸子：不，还没有。才刚刚开始。

社长：还没去成田家吧？

小丸子：是的，还没有。现在正要过去。年末的时候太忙了，一直都没见孩子呢，正好趁着这个机会去见一见。

社长：啊，吃点点心。

小丸子：已经待了很长时间了，这就告辞了。

会話2

丸ちゃんは新ちゃんと話しています

小丸子和小新正在谈话

新ちゃん：丸ちゃん、あけおめことよろ。

丸ちゃん：何って？

新ちゃん：あけおめことよろ。

丸ちゃん：あけおめことよろってどういう意味ですか。

新ちゃん：あけましておめでとうございます、今年もどうぞよろし
　　　　　くお願いいたしますっての略語だよ。

丸ちゃん：うわ、すごい略語だなあ。

新ちゃん：丸ちゃん、今から初詣行こう？

丸ちゃん：今からいったら、人は一杯でしょう？後で行ったらどう
　　　　　かなあ。

新ちゃん：ええ、いいわよ。

小新：　　小丸子。"あけおめことよろ"。

小丸子：什么？

小新：　　あけおめことよろ。

小丸子："あけおめことよろ"是什么意思啊？

小新：　　就是新年快乐，今年也请多关照的缩略语。

小丸子：哇，这么厉害的缩略语啊。

小新：　　小丸子，我们现在去参拜吧？

小丸子： 现在去的话，肯定人很多吧？我们一会去吧。

小新： 嗯，好吧。

小丸子的日语词汇百宝箱

1. 年始（ねんし）拜年、年初

2. 相変わらず（あいかわらず）照旧、依旧

3. 略語（りゃくご）缩略语

4. 初詣（はつもうで）首次参拜神社

小丸子的日语文法百宝箱

もう長くおりましたから、これでお暇いたします。

已经待了很长时间了，这就告辞了。

　　一般到上司家里去拜年的时候要说上面这句话。

小丸子的每日一练

利用课中学习的单词完成下列句子：

1. 新年の朝一から、ずっと＿＿＿＿回りをしています。

2. もう10年に経っても、社長は＿＿＿＿に元気ですね。

3. あけおめはあけましておめでとうございますの＿＿＿です。

4. お正月に初めて神社へ行くのは＿＿＿と言います。

答案

1. 年始　　　2. 相変わらず　　　3. 略語　　　4. 初詣

小丸子 的 职场经

　　这是小丸子在日本过的第二个新年。虽然因此小丸子错过了中国的元旦，但是还是充分地感受到了日本新年的浓重氛围。

　　新年是日本最重要的节日，和中国的春节的地位是一样的。在日本也有类似于中国除夕的日子，就是12月的最后一天。在日本称为"大晦日"。通常在这一天中午前，大家就把新年的准备工作都做好了，傍晚的时候，大家聚在一起过新年。新年的时候，很多日本人会穿上传统的和服到神社或者寺庙去参拜，新年后的第一次参拜被称为"初詣"。日本的小孩子们也会从家长那里得到压岁钱的，压岁钱叫做"お年玉"。可惜啊，小丸子今年是没有了。在中国，除夕夜很多家庭都很期待中央电视台的春节联欢晚会，在日本同样有人气的节目，就是"红白歌会"了，这相当于中国的春晚，有很多当红明星。小丸子个人是非常喜欢的。